O mais tradicional
Livro dos Sonhos e da Sorte

Ben Samir

O mais tradicional Livro dos Sonhos e da Sorte

Revelação e Interpretação dos Sonhos
Acompanhadas dos Números da Sorte

Editora Gaia

© Global Editora, 2007

32ª Edição, Editora Gaia, São Paulo 2007
1ª Reimpressão, 2011

Diretor-Editorial
Jefferson L. Alves

Diretor de Marketing
Richard A. Alves

Gerente de Produção
Flávio Samuel

Assistente-Editorial
Ana Cristina Teixeira

Revisão
Ana Cristina Teixeira

Capa
Reverson R. Diniz

Editoração Eletrônica
Antonio Silvio Lopes

Dados Internacionais de Catalogação na Publicação (CIP)
(Câmara Brasileira do Livro, SP, Brasil)

Samir, Ben
  O mais tradicional livro dos sonhos e da sorte : revelação e interpretação dos sonhos acompanhadas dos números da sorte / Ben Samir. – 32. ed. – São Paulo : Gaia, 2007.

  ISBN 978-85-7555-131-8

  1. Sonhos – Interpretação 2. Sorte I. Título.

07-2676   CDD-135.3

Índices para catálogo sistemático:

1. Sonhos : Interpretação : Parapsicologia   135.3

Direitos Reservados
Editora Gaia Ltda.
(pertence ao grupo Global
Editora e Distribuidora Ltda.)

Rua Pirapitingui, 111-A – Liberdade
CEP 01508-020 – São Paulo – SP
Tel.: (11) 3277-7999 – Fax: (11) 3277-8141
e-mail: gaia@editoragaia.com.br
www.editoragaia.com.br

Obra atualizada
conforme o
**Novo Acordo
Ortográfico da
Língua
Portuguesa**

Colabore com a produção científica e cultural.
Proibida a reprodução total ou parcial desta obra
sem a autorização do editor.

Nº de Catálogo: **2876**

O mais tradicional
Livro dos Sonhos e da Sorte

...se o sonho é bom, também às vezes a realidade é bem melhor que o sonho.

Amadeu Amaral

Aquele que toma a realidade e dela faz um sonho, é um poeta, um artista.
Artista e poeta será também aquele que do sonho faz realidade.

Malba Tahan

Apresentação

Podemos considerar o *Livro dos Sonhos e da Sorte*, de Ben Samir, como um dos mais antigos e tradicionais dicionários de revelação e interpretação dos sonhos, acompanhado pelos números da sorte.

Editado pela primeira vez nos anos 1950, alcança agora sua 32ª edição. Com nova apresentação gráfica, sem dúvida, continua a esclarecer e satisfazer a curiosidade de milhares de pessoas sobre o significado dos sonhos.

Amor, finanças e tudo mais que compõem as nossas vidas, são revelados de maneira clara e objetiva. São apresentados também quatro números, que podem ser combinados entre si, servindo de palpite para os mais variados jogos existentes no país.

Com certeza, esse será seu permanente livro de consulta. Boa sorte!

Os Editores

A

A – Sonhar que escreve a letra A: receberá notícias de amigos (1438). Outras pessoas escrevendo esta letra: notícias falsas (1224). Escrever um A maiúsculo em um quadro-negro: notícias alegres sobre pessoas queridas (1926).

Abacate – Sonhar com abacate maduro na árvore: boas ocupações (0365). Abacate verde na árvore: aborrecimentos (0324). Muitos abacates: desilusão amorosa (0889).

Abacaxi – Sonhar com abacaxi plantado: aflições (5722). Abacaxi descascado: alegria e satisfação (9731).

Abcesso – Sonhar com abcesso: ferimento sem gravidade (6225).

Abano – Sonhar com abano: cautela perante amigos insinceros (1307).

Abatimento – Sonhar que está abatido: falta de incentivo (4296).

Abril – Sonhar com o mês de abril: amores bem encaminhados (7315).

Abdicar – Sonhar com rei abdicando: vida estável (2974).

Abordagem – Sonhar que aborda navio: êxito em amores e negócios (9323).

Abotoar – Sonhar que abotoa uma farda ou roupa: prisão celular ou processo (1242).

Abafar – Sonhar que lhe abafam: inveja de indivíduos sem escrúpulos (4791).

Abandono – Sonhar que foi abandonado por pessoa querida: sucesso (8541). Abandonado por parente: infelicidade (2520). Abandonado pela esposa: lar feliz (3579). Abandonado por amigos: ruína, falência (1568). Sonhar que está abandonando o emprego: desavenças (0597).

Abrigo – Sonhar que se abriga em casa de amigo: desgosto no lar (8726). Abrigar-se de tempestade: mau agouro (9735).

Abismo – Sonhar que está suspenso em abismo: moléstia (8124). Sonhar que está saltando de um abismo: resolução de dificuldade que se apresentará (3123). Sonhar que está caindo em um abismo: doença, perigo à vista (6132).

Abelha – Sonhar com enxame de abelhas: receberá boas notícias (5871). Abelhas ao redor do viveiro: bons presentes a receber (3890). Abelhas mortas: grandes insatisfações e aborrecimentos (2829). Sonhar com abelhas invadindo sua casa: seus inimigos não lhe darão mais preocupações (1878). Abelhas sobre o campo ou em flores: encontro com pessoa que lhe ama (0817).

Aborrecimento – Sonhar que aborrece pessoas: desejos insatisfeitos (4444). Sonhar que se aborrece: dias em plena calma (4136).

Aborto – Sonhar que está abortando: desgostos (3695). Ver alguém abortar: doença (2674).

Abraço – Sonhar que está sendo abraçado: alegria, satisfação (4623). Abraçar alguém: viajar para um lugar desconhecido (6666). Abraço amigo: desgosto (6422). Abraçar desconhecido: viagem (6061).

Abundância – Ver muita coisa junta, mesa com fartura: vontade não satisfeita (1300).

Abade – Sonhar com abade: caminho incerto e perigoso (3333).

Abóbora – Sonhar com uma abóbora: prestígio (2129).

Abutre – Sonhar com abutre: moléstia insidiosa (1928).

Acidente – Sonhar que foi atropelado por veículo: será traído por amigo (8197). Ver alguém acidentando-se: incerteza no que vai realizar (8186).

Aço – Sonhar que está segurando aço: realização de bons negócios (2345). Em uma fundição: dinheiro será recebido (2234).

Acariciar – Sonhar que está fazendo carícias: desejos recalcados (4543). Sonhar que lhe acariciam: infidelidade de pessoa querida (4222).

Acordeão – Sonhar com um acordeão: felicidade (1541). Sonhar que está tocando acordeão: emprego vantajoso (5670). Acordeão desafinado: inveja de pessoas (5809).

Acompanhar – Estar andando acompanhado: boas notícias (2396). Acompanhado por muitas pessoas: dinheiro a receber (2565).

Aconchego – Sonhar que está aconchegando: indelicadeza de alguém a quem não conhece (3333).

Aconselhar – Sonhar que está recebendo conselhos: notícias más de pessoas distantes (1898). Dar conselhos: desgostos (1177).

Açougue – Sonhar com carne exposta: saúde prolongada sem gravidade (8984). Comprar carne: realização de um negócio com lucro (8233). Ver um açougue: medo de alguém, perigo (8752).

Açougueiro – Ver açougueiro com a faca e sujo de sangue: morte de pessoa conhecida (4541).

Acordo – Sonhar que está fazendo acordo com alguém: mau negócio (3470).

Açoite – Sonhar com açoite: abatimento moral (4779). Açoitar alguém: desejo oculto de sadismo (4298). Ser açoitado: desejo intenso por preocupações (4567).

Acrobacia – Sonhar que está fazendo acrobacias em circo: sucesso no amor (2116). Acrobacia de diversas pessoas em trapézio: dificuldades (2565). Cair um acrobata: moléstia com pronto restabelecimento (2324).

Academia – Sonhar que faz parte da academia: lisonjas por seus conhecimentos (7693).

Acinte – Sonhar que lhe fazem acinte: brigas em casa (1892). Ser insultado por amigo: receio não concretizado (1241).

Açúcar – Sonhar que está presenteando açúcar a alguém: reconciliação com esta pessoa (6760). Comer açúcar: desejar alguém amorosamente (6589).

Acusar – Acusar alguém: incerteza (9678). Ser acusado em júri: sucesso (9817). Ver uma pessoa ser acusada: traição (9826).

Acudir – Acudir pessoa que pede auxílio: será feliz (2125).

Acender – Sonhar que acende fósforos: riqueza (1284). Acender uma lâmpada elétrica: amor venturoso (1333). Acender um cigarro: luto (1462).

Acesso – Sonhar que tem um acesso de raiva: desilusões (2971). Acesso de loucura: imprevisão danosa (2760). Acesso de tosse: mexericos (2579).

Aclamação – Sonhar que está sendo aplaudido: sucesso passageiro (4278).

Adeus – Dizer adeus a uma pessoa: calma, tranquilidade (7677). Outra pessoa dá adeus: felicidade (7866).

Admiração – Admirar mulher: alegria falsa (3425). Admirar-se diante do espelho: ilusão (3664). Sonhar que está sendo admirado: felicidade (3573).

Adega – Sonhar com adega: colheita farta (4462).

Adivinho – Sonhar com adivinho: preocupações inúteis (9201).

Adorar – Sonhar que adora os santos na igreja: satisfação (8900). Adorar a Deus: grande felicidade (8999). Adorar a uma imagem: bons encaminhamentos (8778). Adorar animais: pessoa sonhadora (8657).

Adotar – Sonhar que adota criança: mal-estar, contrariedades (7916).

Administrar – Sonhar que é administrador: possibilidade de perda de dinheiro (6545).

Adular – Sonhar que está adulando pessoa: realização de bons negócios (4544). Ser adulado insistentemente: amizades falsas.

Adubo – Sonhar que está adubando terras: colheita com bom resultado (6693).

Adultério – Sonhar que está cometendo adultério: lucro em negócios (3572). Sonhar que a esposa o engana: herança (3451).

Adversário – Lutar com adversário: receberá vantagens em dinheiro (6520). Sonhar que o adversário o vence: contrariedades (6759).

Adversidade – Sonhar que a sorte lhe é adversa: êxito conseguido (5228).

Admissão – Sonhar que está admitindo alguém em casa: trabalho (1887). Admitir pessoa do sexo oposto no quarto de dormir: intrigas (7676).

Advogado – Sonhar que advoga: projetos irrealizáveis (2235). Sonhar que está falando com advogado: dificuldade em negócio (2674).

Aerólito – Sonhar com queda de aerólito: presente régio (4453).

Afiar – Sonhar que está afiando uma faca: inimigos com más intenções (6672).

Afeminado – Sonhar com homem afeminado: infelicidade no amor (9871).

Aflição – Sonhar que está aflito: inimigo morto (9560).

Afogamento – Sonhar que está se afogando: adversários derrotados (3369). Ver pessoa boiando, morta por afogamento: mudança de emprego com maiores vantagens (3378). Salvar pessoa que está se afogando: ruína (4907).

Afronta – Sonhar que está recebendo afronta: presságio vantajoso (9886).

Agonia – Ter agonia: fim de aborrecimentos (8185).

Ágil – Sonhar que é ágil, vigoroso: sucesso (4444).

Agasalho – Sonhar que está agasalhado: doenças do aparelho respiratório (2234). Dar agasalho a pessoa conhecida: perigo (5343).

Água – Sonhar com água do mar: perigo (7652). Água transparente: felicidade (7761). Água escura: infelicidade (7890). Beber água fresca: progresso (7659). Receber um copo com água: casamento (7448). Atirar-se na água: inimigos (7997). Água escorrendo pela parede: pessoa querida colocará luto (7676). Atravessar lugar alagado: dificuldades superadas (7215). Andar na água e não se molhar: sorte (7664). Água fervendo: aflições (7233).

Aguaceiro – Ver pessoas sob aguaceiro: falecimento na família (5232). Fugir de um aguaceiro: casamento próximo (5441).

Aguardente – Beber aguardente: aborrecimentos (1890). Vender aguardente: desgraça (1279). Comprar aguardente: contatos amorosos (1968). Fabricar aguardente: sucesso em empresa (1227).

Águia – Sonhar com águia negra: morte de amigo (4326). Águia branca: dinheiro (4615). Águia levando-o pelo espaço: renda certa (4094). Águia amarrada: desonra (4163). Ver águia no topo de um pico: negócios difíceis (4012). Matar uma águia: grande prejuízo em negócios (4111). Ser atacado por uma águia: dano (4780).

Agrião – Sonhar com horta de agrião: prosperidade (5129). Comer agrião: sorte em jogo (5008). Comprar agrião: contrariedades na rua (5297).

Agressão – Sonhar que está sendo agredido: êxito (4046). Alguém está sendo agredido: sorte infortunada (4195).

Agulha – Sonhar com muitas agulhas: desgostos (6004). Colocar linha em agulha: casamento (6323). Ser picado por agulha: sintoma de gravidez (6772). Engolir uma agulha: ingratidão de pessoa (6071). Agulha partida: prejuízos (6710). Agulha enferrujada: perigos (6029).

Alambique – Sonhar com alambique: insatisfação sexual (9748).

Alçapão – Ver um alçapão: dificuldades (2257). Cair em alçapão: cuidados com certos amigos (2176). Alçapão fechado: surpresa oculta (2295).

Alarme – Sonhar com alarme de sirene: boatos falsos (9844).

Álcool – Beber álcool: traição de pessoa a quem se quer (5183).

Alcova – Sonhar com alcova pequena: doença (3092). Alcova espaçosa: casamento feliz (3501). Estar em uma alcova: perfídia (3550).

Alcachofras – Sonhar que está comendo alcachofra: amor escondido, vergonha (7149).

Aldeia – Ver aldeia ao longe: participação em ato feliz (4118). Entrar em aldeia: alegrias, surpresas (4667). Morar em aldeia:

vida pacata (4276). Sair de uma aldeia e não mais voltar: prestígio (4775).

Alegria – Sonhar que está alegre: vida longa (0044). Outras pessoas alegres: aflições com parente (0093).

Alfafa – Sonhar com fardo de alfafa: saúde e disposição (9662).

Albergue – Sonhar com um albergue: enfermidades (7711).

Alfabeto – Sonhar com um alfabeto: mudança de habitação (3900).

Alfaiate – Sonhar que está costurando roupa: pessoa lhe aborrecerá com ciúmes (5119). Sonhar que está cortando fazenda: desentendimentos caseiros (5128). Alfaiate provando roupa: morte de pessoa da família (5447).

Alfinete – Ver um alfinete: descrédito em pessoa (9886). Muitos alfinetes: aborrecimento, intranquilidade (9095). Espetar alfinetes: fim de desgostos (9164).

Algarismos – Sonhar com o número um: resolução (1156). Com o número dois: incerteza (2165). Com o número três: desocupação de lugar (3149). Com o número quatro: correção de atitudes (4132). Com o número cinco: bons negócios (5178). Com o número seis: amor de alguém (6237). Com o número sete: ajuda (7287). Com o número oito: trabalho intenso e rendoso (8235). Com o número nove: compreensão (9231). Com o número zero: felicidade. Sonhar que está escrevendo números pares: ultrapassará dificuldades (1130). Números ímpares: confusão, embaraço nos negócios (1198).

Álgebra – Sonhar que está fazendo cálculos algébricos: negócio com resultados satisfatórios (8817).

Alfândega – Sonhar com uma alfândega: perda de emprego (2236). Sair de uma alfândega: surpresas favoráveis (2075).

Alface – Sonhar com plantação de alface: mau agouro (9964).

Alho – Sonhar com um dente de alho: vida difícil (4493). Muitos alhos: dificuldades, segredos revelados (4412).

Alimento – Sonhar que está se alimentando com coisas de bom gosto: satisfação, felicidade (1191). Comida quente: zangas, aborrecimentos (1070). Alimento líquido: saúde estável, vida fácil (1959). Mulher fazendo alimentos: desejo sexual (1768). Alimentos de mau gosto: morte por envenenamento (1417). Alimentar-se junto com amigos: luto (1506).

Algemas – Sonhar que está algemado: calma (2222). Algemar outra pessoa: questões (2025). Algemas vazias: união (2074). Soltar-se de algemas: perigo (2973).

Alma – Sonhar com alma: vida feliz (8872). Alma dando conselhos: cuidado com os amigos (8031). Alma subindo ao céu: morte de criança (8190). Alma indo para o inferno: agonia, suplícios (8049).

Almanaque – Ver um almanaque aberto: negócio a realizar (2338). Almanaque fechado: incerteza (2777). Consultar um almanaque: notícias de pessoa conhecida (2236). Almanaque em mãos alheias: viagem (2015).

Aliança – Sonhar com uma aliança: casamento (5064). Dar uma aliança: engano (5963). Comprar uma aliança: cansaço intenso (5232).

Almirante – Sonhar com almirante: mau negócio (2891). Falar de um almirante: rebaixamento, baixeza (2170). Ser um almirante: decepção (2449).

Almoço – Sonhar que almoça: gravidez (8188). Almoçar em restaurante: situação difícil (8087). Dar um almoço: aborrecimentos (8996). Almoçar a sós: viuvez (8075). Almoçar com alguém: avareza (8888). Ver muitas pessoas almoçando: penúria (8334).

Altar – Ver um altar: alguém precisa de seu auxílio (7883). Construir um altar: alegria (7092). Altar destruído: moléstia (7121). Ajoelhar-se em um altar: realização do que deseja (7150).

Aluguel – Receber aluguel: boas notícias (4549). Pagar aluguel: prejuízo (4048).

Alto-falante – Ouvir um alto-falante: namoro (2257). Falar por alto-falante: doença sem gravidade (2946). Instalar um alto-falante: impopularidade (2565).

Alumínio – Sonhar com panelas ou objetos de alumínio: satisfação (9004). Vender alumínio: pessoas odientas (9999).

Ama – Sonhar com ama amamentando criança: perigo de doença (5093).

Amazonas – Sonhar com amazonas a cavalo: ambição desmedida de mulher (5442).

Amante – Sonhar que tem amante: se quem sonha é casado: doença (4141). Se é solteira a pessoa que sonha: felicidade (4200).

Amarrar – Sonhar que está amarrado: bons negócios (2339). Amarrar outra pessoa: desacordos (2038). Amarrar embrulho: intrigas (2447). Ver alguém amarrado: pessoa conhecida infeliz (2476).

Ameixa – Sonhar que está comendo ameixas maduras: amor feliz (4045). Ameixas secas: aborrecimentos (4104). Fazer doce de ameixas: doença pertinaz (4493).

Amora – Sonhar com amoras: breve surpresa (8222). Sonhar que come amoras: sofrimentos e inquietações (8001).

Amêndoas – Comer amêndoas: dinheiro (1111). Partir amêndoas: será ameaçado (1180). Colher amêndoas: obstáculos fáceis de transpor (1219).

Amendoeira – Subir em amendoeira: viagem próxima com mudança (9760). Derrubar amendoeira: dano (9711).

Amigo – Receber visita de amigo: tranquilidade no lar (5555). Falar com amigo: desentendimento em casa (9092). Visitar amigo: situação insegura (9243). Escrever a um amigo: perda de dinheiro (9284).

Amor – Sonhar que se ama alguém: proteção de pessoa poderosa (2335). Sonhar que ama pessoa bonita: terá felicidade (2396). Sonhar que ama pessoa feia: sofrimento (2447). Sonhar que ama pessoa velha: decepção (2778). Sonhar com amor ilícito: sorte em jogo de azar (2919).

Amnésia – Sonhar que esquece o que houve: prejuízo grave (7710).

Amputação – Sonhar que está fazendo amputação em alguém: separação (1199). Sonhar que tem membro amputado: desgraça (1158).

Anão – Sonhar com anão: resolverá caso difícil (2327). Sonhar que é anão: herança perdida (2336). Falar com um anão: realização pouco provável (2735).

Âncora – Sonhar que vê uma âncora: segurança e conforto (8784).

Andaime – Sonhar que sobe em andaime: terá prejuízos (7763). Cair de andaime: falecimento de pessoa amiga (7102). Olhar um andaime de baixo para cima: futuro risonho (7191). Olhar um andaime de cima para baixo: situação perigosa (7070). Passar por baixo de um andaime: perda de bens (7099). Ver pessoas levantando um andaime: bom trabalho (7788).

Andar – Sonhar que anda sem parar: prosperidade (1127). Andar ligeiro: pensamentos corretos (1786). Ver pessoa andando: tranquilidade (1015).

Andorinha – Sonhar com andorinha: receberá boas notícias (4654). Sonhar com bando de andorinhas: paz no lar (4663). Sonhar com andorinha no interior de sua casa: terá notícia de um bom amigo (4152). Andorinha morta: tristeza (4111).

Andrajos – Sonhar que está coberto de andrajos: desgostos intensos (9860).

Anel – Sonhar com anel: muitos filhos terá (5229). Anel no dedo: casamento próximo (5098). Anel quebrado: rompimento de amizade (5887). Oferecer um anel: inimizade (5766).

Anedotas – Sonhar que conta anedotas: boa amizade (6515). Ouvir alguém contar anedota: desavenças com pessoa querida (6014). Escrever anedotas: desunião com amigo (6666).

Animais – Sonhar com animais negros: má realização (8085). Animais claros: bons presságios (8984). Animais domésticos: boas notícias, surpresas (8133). Sonhar que está alimentando animais: herança (8142). Animais correndo em disparada: desgostos e tristezas (8221). Lutar com animais: doença pouco grave (8870).

Aniversário – Sonhar que faz aniversário: desentendimentos no lar (1229). Sonhar que está em aniversário que não é seu: herança a receber (1348). Enviar parabéns por aniversário: falsidades (1907). Receber parabéns por aniversário: imposições dominantes e perigosas (1996).

Anjo – Sonhar com anjo: dinheiro, progresso (2255). Anjo negro: corte (0014). Anjos voando: notícias alegres (0093). Anjo dentro de casa: saúde para pessoa doente (0052).

Anúncio – Sonhar com anúncio em jornal: mudança de emprego (9881).

Antena – Sonhar com uma antena: surpresas (7710). Antena caída: embaraços (7799). Instalar uma antena: negócio rendoso (7898).

Antiquário – Sonhar que está em antiquário: princípios morais elevados (2207).

Anzol – Sonhar com anzol: más realizações, impossibilidades (5546).

Aposta – Sonhar que está fazendo apostas: vida incerta (4245).

Apagar – Sonhar que está apagando incêndio: êxito (9904). Apagar uma luz: convalescença (9113). Apagar uma fogueira: trabalho recompensado (9052).

Aparição – Sonhar com aparição: dinheiro em quantidade (6061).

Apartamento – Sonhar com apartamento pobre, pequeno: finanças boas (2690). Apartamento luxuoso: pobreza (2029). Apartamento escuro: discórdias amorosas (2078). Apartamento iluminado: enlace compreensivo (2807). Comprar apartamento: mau negócio (2996).

Aperitivo – Sonhar que está bebendo aperitivo: desastre (8805). Ver alguém preparando aperitivo: abusos (8044).

Apetite – Sonhar que está com apetite: ganância por dinheiro (7783).

Aplausos – Ser aplaudido: inimigo tramando sua ruína (8652). Aplaudir alguém: questões na justiça (8981).

Aposento – Aposento vazio: morte de pessoa da família (6750). Aposento fechado: tristeza (6666). Aposento aberto: pobreza (6549).

Aqueduto – Sonhar com um aqueduto: bons princípios sociais (7278). Estar sobre o aqueduto: inaptidão para trabalhos manuais (7327). Construir um aqueduto: trabalho metódico e de fácil execução (7096). Aqueduto destruído: acidente sem grande importância (7115).

Ar – Sonhar que está tendo falta de ar: surpresas desagradáveis (7514). Sonhar com ar quente: doença (7673). Sonhar com ar frio: morte de pessoa amiga (7862).

Arado – Sonhar com arado: ideias emaranhadas (1121). Sonhar que está arando terras: dinheiro que será bem empregado (1190).

Aranha – Sonhar com aranha: deve proteger-se (3249). Matar aranha: prejuízo, discórdia (3558). Sonhar que está sendo mordido: traição e derrota (3987). Muitas aranhas juntas: trabalho recompensado (3346). Atacado por aranhas: questões com negociantes de fazendas (3675).

Arpão – Sonhar com arpão: caçada vantajosa (7784). Sonhar que está arpoando peixe: perseguição terminada com êxito (7893).

Arco – Sonhar que atira um arco: satisfação (se acerta o alvo) (8812). Se erra o alvo: desgosto (8861).

Arco-íris – Sonhar com arco-íris: satisfação, alegria, felizes dias futuros, êxito e sucesso infinitos, bons amores (0050).

Armarinho – Sonhar com armarinho: negócios bem encaminhados (7339). Armarinho vazio (sem freguesia): fracasso nas iniciativas (7118).

Areia – Sonhar com areia: impossibilidade de realizar o que deseja (2237). Andar sobre areia: desgosto (2466).

Arena – Sonhar com arena de touros: aborrecimentos (9105). Ver pessoa na arena: teimosia com amigos (9774).

Arquibancada – Sonhar com uma arquibancada de campo de futebol: grandeza d'alma e bondade no coração (6653). Arquibancada de circo: desejo de ironizar (6792).

Arma branca – Sonhar com arma branca: reconciliação (5321). Sonhar que mata alguém com arma branca: dificuldades (5050). Sonhar que o ferem com arma branca: moléstia curada (5098).

Arma de fogo – Sonhar que dispara arma de fogo: boas realizações (4517). Armas em grande quantidade: ódios e traições (4444). Vender armas: inquéritos policiais (4116). Fabricar armas: desengano com pessoa amada (4585).

Armário – Sonhar com armário fechado: situação estável (8904). Armário aberto: roubo provável contra si (8763). Armário cheio de louças: alegrias e divertimentos (8072). Comprar um armário: ganhos possíveis (8191).

Aroma – Sonhar com aroma agradável: negócios realizáveis (8450). Desagradável: prejuízos (8549).

Árabe – Sonhar com um árabe típico: perfídias perigosas (6568).

Arrepios – Sonhar que se arrepia: nervosismo incontrolado, saúde abalada (5787).

Arranhão – Sonhar que arranha alguém: desejo sexual intenso (9786). Sonhar que é arranhado: infidelidade amorosa (9195). Sonhar que um gato o arranha: moléstia da pele (9454). Sonhar que espinhos o arranham: dores morais no coração (9873).

Arroz – Sonhar com arrozal: prosperidade (1232). Sonhar que come arroz: capacidade intelectual desenvolvida (1471). Sonhar que colhe arroz: dinheiro a receber (1120). Sonhar que vende arroz: lucros grandes (1099). Sonhar que cozinha arroz: negócios improváveis (1108).

Arsênico – Sonhar que está tomando arsênico: perigo de acidente (0897). Envenenar alguém com arsênico: perversidade inata (0686).

Artista – Sonhar que é artista de teatro: boa situação (5305). Artista em palco: situação estável (5014).

Árvore – Sonhar com árvore com frutos: prosperidade (8213). Árvore com flores: matrimônio próximo (8002).

Sonhar que cai de árvore: desastre com veículo (8401). Sonhar que sobe em árvore: sucesso (8040). Sonhar que corta uma árvore: negócio mal começado (8999). Sonhar com árvore queimando: infelicidade (8238). Sonhar com árvore seca: prejuízo (8117). Sonhar com muitas árvores: alegrias (8676). Sonhar que está com árvore florida: satisfação amorosa (8535). Sonhar que está colhendo frutos de árvore: doação que lhe será feita (8104).

Arsenal – Sonhar com um arsenal: obstáculos de fácil transposição (2213).

Artilharia – Sonhar com disparos de artilharia: desentendimentos severos (3432). Sonhar que tiros de artilharia o perseguem: desarmonia no lar (3451).

Asilo – Sonhar que está em um asilo: progresso intelectual (6500). Sonhar que pede asilo: perda de objeto de estimação (6909).

Asfixia – Sonhar que se asfixia: doença em família (2348). Ver alguém se asfixiando: boas amizades (2097). Sonhar estar asfixiando alguém: discórdias sem finalidade (2000).

Asma – Sonhar que tem asma: inimigos vencidos (4456). Alguém com asma: ócio incontrolado (4019).

Astrólogo – Sonhar com astrólogo: predições falsas (9008).

Assado – Sonhar com carne assada: negócios em franco progresso (3201). Sonhar que prepara carne assada: enlace matrimonial (3333).

Assalto – Sonhar que está assistindo a um assalto militar: sorte em todas as iniciativas (2085). Ser assaltado à noite: calma propícia a aventuras (2138). Tomar parte em assalto: viagens prejudiciais (2803).

Assassinato – Assassinar alguém: doença (0715). Ver alguém ser assassinado: recuperação de saúde (0900).

Assassino – Ver fugindo: amizade falsa (9565). Ser atacado por assassino: amigo em dificuldade (9983). Prender um assassino: reatamento de amizade (9102). Proteger assassino: moléstia (9165).

Assembleia – Ver uma assembleia: amor falso e infiel (1002). Assembleia de políticos: ciúmes de quem se deseja (1080). Assembleia religiosa: discórdias intensas (1897). Assembleia de mulheres: casamento mal feito (1195).

Assinatura – Assinar papéis: trabalho proveitoso (7881). Ver alguém assinar: inveja (7013).

Assobiar – Sonhar com alguém assobiando: abusos (6158). Sonhar que alguém está assobiando: embaraços (6054).

Astro – Sonhar com astro de pouco brilho: morte de pessoas conhecidas, doença (3321). Astro muito brilhante: riqueza (3027). Astro despontando no horizonte: sucesso (3560).

Atlas – Sonhar com atlas: força e vigor varonil (4431).

Ataque – Sonhar que está sendo atacado: vingança de inimigos (5609). Ver outra pessoa ser atacada: contrariedades (5437).

Ataúde – Sonhar com ataúde: prisão, desgostos (2340). Sonhar que transporta ataúde: pagamento de divida que não se tinha esperança de receber (0045). Ver mulher em um ataúde: casamento próximo (0080). Ver-se em um ataúde: morte (0011). Comprar um ataúde: fracasso (0066).

Atleta – Sentir-se atleta: prazeres imediatos (1099). Ver um atleta: embaraço (1804).

Atentado – Ser vítima de atentado: ser cauteloso (8097). Atentar contra alguém: desgosto no lar e separação (8433).

Ator – Sonhar que é ator: progresso à vista (2320). Ver ator no palco: perfídia (2443).

Atmosfera – Sonhar com tempo claro: deleite, descanso (6675). Sonhar com acúmulo de nuvens: prosperidade (6779). Com nuvens escuras: aborrecimentos (6550).

Atriz – Sonhar com atriz: sonhos que se realizarão brevemente (7095). Falar com atriz: imoralidade como conduta (7777).

Atroz – Ver alguém praticando ato atroz: penúria (8086).

Auréola – Sonhar com auréola em pessoa: amigo conselheiro (6442). Auréola na cabeça de quem sonha: progresso, êxito (6557). Auréola sobre a cabeça de pessoa do sexo oposto: amizade intensa de alguém (6430).

Audiência – Sonhar que dá audiência: dinheiro que lhe será doado (9891). Audiência com pessoa importante: realizações impossíveis (9976). Assistir a uma audiência: falecimento de amigo (9108).

Aurora – Sonhar com o nascer do dia: felicidade (1111).

Automóvel – Sonhar com automóvel parado: viagem impossível (1550). Automóvel correndo: vantagem inútil (1905). Sonhar com automóvel vermelho: amor de pessoa de espírito forte e generoso (1872). Sonhar que compra automóvel: negócios novos (1658). Sonhar que dirige automóvel: falta de confiança em si próprio (1663). Sonhar com desastre de automóvel: dinheiro a perder (1760). Sonhar com automóvel defeituoso: dificuldades em negócios. Sonhar que vende automóvel: fracasso, prejuízos (1329). Sonhar que viaja com outra pessoa: sucesso no amor (1895).

Autômato – Sonhar com um autômato andando: fraqueza intelectual (8873).

Autópsia – Assistir a uma autópsia: desejo imoral (2906). Fazer uma autópsia: ensinamento de vantagem material (2349). Sonhar que é autopsiado: enfermidade grave (2785).

Avião – Sonhar com avião: viagem (6441). Sonhar que está voando: terá notícias de pessoa distante (6326). Pilotar avião: sucesso em negócios (6273). Sonhar que cai de avião: prejuízos, brigas amorosas (6332). Ver avião caindo: desastre, catástrofe (6508).

Avarento – Sonhar que é avarento: desejo insatisfeito (7710). Sonhar que vê avarento: prejuízos, dificuldades (7794).

Aveia – Sonhar com campos de aveia: prosperidade (6519).

Ave-maria – Sonhar que está ouvindo o canto: má notícia (9901). Tocar uma ave-maria: união conjugal (9075). Cantar: agrado (9773).

Avental – Sonhar com avental: tranquilidade doméstica (9550).

Aves – Sonhar com aves voando: dificuldades (7753). Aves engaioladas: mal-estar (7516). Aves em liberdade, comendo: dinheiro fácil (7448). Briga de aves: dinheiro a receber (7663).

Avestruz – Sonhar com avestruz: progresso e vencimento na vida (1221).

Aviador – Sonhar com aviador: desentendimentos, contrariedades (1468).

Aviso – Sonhar que está recebendo aviso: felicidade (4467). Avisar alguém: transação lucrativa (4102).

Avó – Aconchego amoroso com crianças (1446).

Ás – Sonhar com ás de copas: sucesso no amor (0083). Ás de paus: mágoa profunda (0047). Ás de espada: morte (0000). Ás de ouros: herança (0095).

Azeite – Sonhar com azeite: bom êxito (4141). Sonhar que bebe azeite: doença na família (4558). Sonhar com azeite derramado: perda de alguém que se estima (4194). Comprar azeite: amores felizes (4444).

Azeitona – Sonhar que amassa azeitonas: dinheiro fácil (1495). Colher azeitonas: tristeza (1128). Apanhar azeitonas sob as árvores: bons augúrios (1111).

B

Bacalhau – Sonhar com bacalhau: lucro fácil (1499). Vender bacalhau: prejuízo (1188). Comer bacalhau: moléstia estomacal (1097).

Bacia – Sonhar com bacia cheia de água: casa bem cuidada (7716). Bacia vazia: pobreza (7195). Sonhar tomando banho de bacia: saúde (7544).

Bagagem – Sonhar que está transportando bagagem: viagem longa (6603). Sonhar que está arrumando bagagem: inimigo tenta prejudicá-lo (6892). Sonhar com bagagem de outra pessoa: amizades novas (6781). Ver alguém arrumar bagagem do sexo oposto: desunião (6920).

Bailarina – Sonhar com bailarina: dinheiro perdido, discórdia no lar, rivalidade amorosa (7799).

Baile – Sonhar que está vendo um baile: esperança de futuro melhor (5588). Sonhar que dança em baile: esperanças impossíveis de se realizar (5677). Baile de carnaval: negócio prejudicial (5886).

Baioneta – Sonhar com uma baioneta: perigo de acidente mortal (8802).

Bala – Sonhar com bala de arma de fogo: afeição indecorosa (6571).

Balança – Sonhar que vê uma balança: bom negócio (8870). Sonhar que segura uma balança: ganho de questão na justiça (8929).

Balcão – Sonhar com balcão: futuro risonho e pouco demorado (1108).

Balão – Sonhar com um balão: dificuldades financeiras (7707). Ver balão subindo: sorte no jogo de cartas (7806). Ver balão descendo: perda de bens (7605). Balão se queimando: insultos (7884).

Balde – Sonhar com balde vazio: derrota (1663). Balde cheio: sucesso (1982).

Baleia – Sonhar com baleia no mar: ajuda inesperada (2221). Baleia em terra: infelicidade (2320).

Banana – Sonhar com cacho de banana: boa estabilidade financeira (7789). Descascar bananas: desejo a realizar (7908). Banana madura: satisfação alegria (7607). Banana verde: negócio impossível de se realizar (7556).

Bananeira – Sonhar com bananeira: vida modesta e feliz (5565).

Banco – Retirar dinheiro do banco: dificuldades financeiras (9005). Depositar dinheiro: concretização de desejo (9094). Assaltar um banco: ligação desvantajosa (9973).

Banco de jardim – Sonhar que está sentado em banco de jardim sozinho: pouco dinheiro, solidão (5572). Sentar-se com pessoa do outro sexo: namoro (5441).

Bandeira – Sonhar com bandeira branca: necessidade de compreensão (8800). Com bandeira negra: má sorte, luto (8769). Com bandeira vermelha: revolução sangrenta (8778). Com bandeira rasgada: rompimento de noivado (8007). Com bandeira nacional: ambição política (8086). Com bandeira hasteada a meio pau: dores, empecilhos (8665). Com bandeira agitada pelo vento: perigo (8164).

Bandido – Lutar com bandido: recebimento de dinheiro (9013). Ver um bandido: poder, força (9992). Ser morto por bandido: dinheiro perdido (9541).

Banheira – Sonhar com banheira cheia de água: situação instável, sujeita a mudança (7760). Vazia: briga doméstica (7669).

Banho – Sonhar que toma banho: saúde, vigor (5598). Banho frio: indecisão (5157). Banho quente: indocilidade (5446). Banho morno: casamento vantajoso (5605). Banho de mar: negócio proveitoso (5004).

Banqueiro – Sonhar que é banqueiro de jogo: prejuízos financeiros (9883).

Banquete – Ver um banquete: viagem longa, vida social agradável (9872).

Bandolim – Sonhar com bandolim: cautela contra más línguas (7881).

Bar – Sonhar que entra em um bar: más notícias (1270). Sonhar com bar cheio de pessoas: satisfação e alegrias (2439).

Baratas – Sonhar com muitas baratas: dinheiro a receber (6578). Sonhar matando baratas: preocupações (6567). Ver baratas mortas: surpresa de pessoa distante (6436).

Baralho – Sonhar que está jogando baralho: jogo sem sorte (5215). Sonhar que está embaralhando cartas: ideias sem lógica (5044). Vender baralho: adversidade (5013).

Barco – Sonhar com barco grande: pessoa ambiciosa (8708). Barco sem vela: pequenos prazeres (8917). Barco com vela: satisfação (8616). Barco no qual se rema: vida trabalhosa (8795). Barco afundando: pobreza (8144). Barco atracado: dificuldades (8013). Barco na praia: doença (8332).

Barba – Sonhar ter barba grande: vigor, virilidade (1452). Sonhar com barba comprida: más ideias (1221). Sonhar com mulher casada, barbada: gravidez (1810). Estar se barbeando: surpresas de interesse (1909).

Barbeiro – Ver um barbeiro: fracasso provável (6661). Barbeiro lhe fazendo a barba: questões difíceis (6770).

Barril – Sonhar com barril vazio: pobreza (6549). Barril cheio: progresso (6528).

Barro – Sonhar com barro: pobreza, doença grave (1797). Sonhar que come barro: verminose (1886).

Batalha – Sonhar que assiste uma batalha: vida calma (2225). Sonhar que luta em batalha: trabalho, afazeres à vista (2654). Ser o comandante de uma batalha: derrota de inimigos (2453). Ver ao longe, batalha naval: ganhos ilícitos e eficientes (2322).

Barômetro – Sonhar com barômetro: infidelidade da pessoa amada (5561).

Batatas – Sonhar que está comendo batatas: traição conjugal (1440). Descascando batatas: discórdia (1049). Cozinhando batatas: doença (1568). Plantando batatas: fracasso em negócio (1677). Comprando ou vendendo batatas: resultado nulo de trabalho (1906).

Barricada – Sonhar com barricada: perigos infundados (2675). Construir barricada: atividade ilícita (2784).

Bater – Sonhar que bate em alguém: risco perigoso (9083). Sonhar que bate no esposo: medo de pessoa querida (9762).

Batizado – Sonhar com batizado: felicidade no lar (0141). Sonhar ser padrinho: sentimento de culpa (0980).

Baú – Sonhar com baú vazio: tranquilidade (1589). Baú cheio: férias agradáveis (1778).

Bêbado – Sonhar com bêbado: prejuízo inútil (5458). Sonhar que está bêbado: correção de atitudes (5327).

Beber – Sonhar que bebe água limpa: boas realizações (8896). Água suja: infelicidade (8514). Água quente: mal-estar

(8784). Água fria: relações de amizade (8083). Beber vinho: alegria, saúde (8902). Beber licores: discórdias (8651).

Beijo – Sonhar que beija moça: muita alegria (6650). Beijar senhora casada: casamento (6439). Beijar pessoa morta: vida prolongada (6658). Beijar um homem: humilhação (6071). Beijar criança: meiguice (6246). Beijar pessoa idosa: felicidade (6005). Beijar a mão de pessoa: dinheiro (6504). Beijar o chão: despeito (6703).

Bebês – Sonhar com bebês: discórdias familiares (6772).

Bengala – Sonhar com bengala: amigo rico (8971). Bengala perdida: amizade desfeita (9880). Bengala partida: amizade desleal (9559). Bater com bengala: rancores (9718). Alguém lhe bater com uma bengala: satisfações a receber (9447).

Berço – Sonhar que vê um berço: criança que vai nascer (1336). Ver-se deitado em berço: desastre (1915). Ver alguém deitado em um berço: desentendimentos (1664). Sonhar com berço vazio: morte de criança (1113).

Bezerro – Sonhar com bezerro: nascimento de filho do sexo masculino (2252). Bezerro correndo: abundância (2561).

Bíblia – Sonhar com a Bíblia aberta: boas ideias (7770). Sonhar com a Bíblia fechada: falta de fé (7999). Com a Bíblia rasgada: dúvida quanto à sua crença religiosa (7818).

Biblioteca – Sonhar que está em uma biblioteca: vida calma (6617). Sonhar com biblioteca arrumada: dinheiro difícil de receber (6556). Biblioteca desarrumada: brigas, discussões (6755).

Bife – Sonhar que está comendo bife: negócios incertos (5664). Comer bife: prosperidade (5443).

Bigode – Sonhar que possui bigode pequeno: pobreza (4442). Bigode grande: fartura, prosperidade (4561). Sonhar que não tem bigode: morte de pessoas íntimas, insatisfação, pobreza (4330).

Bilhete – Sonhar que escreve bilhete: falta de dinheiro (9809). Sonhar que recebe bilhete: amizade desfeita (9778). Sonhar com bilhete de loteria: sucesso (9787). Sonhar com bilhete de loteria sem os números: despesas inúteis (9056).

Bilhar – Sonhar que está jogando bilhar: empresa com maus resultados (1555).

Biscoitos – Sonhar que come biscoitos: saúde bem aproveitada (8004). Comprar biscoitos: instigação à maldade (8773). Sonhar que dá biscoitos: despesas inesperadas (8182).

Boca – Sonhar com boca fechada: perigo de morte (7711). Boca pequena: embaraços, dificuldades (7690). Boca grande: alegria passageira (7999). Boca bem feita e limpa: saúde (7668). Boca suja: maus sentimentos (7027).

Bodas – Comemorar bodas de ouro: amigo que irá falecer (7716). Comemorar bodas de prata: moléstia sem gravidade (7625).

Bochechas – Sonhar com bochechas magras: doença (8814). Com bochechas sadias e coradas: saúde (8763).

Bode – Sonhar com bode: infidelidade conjugal (6552). Sonhar com muitos bodes: herança (6541). Sonhar que um bode o ataca: ilusão amorosa (6010).

Bofetão – Sonhar que esbofeteia alguém: inimigo falso e perigoso (3359). Sonhar que recebe um bofetão: reputação ilibada (3458). Sonhar que esbofeteia mulher: amor feliz (3557).

Boi – Sonhar com boi pintado: prisão (8886). Boi magro: vida difícil (8915). Boi gordo: fartura (8784). Boi preto: situação perigosa (8773). Boi sem chifres: complicações financeiras (8542). Boiada: inveja, ambição (8311). Sonhar que mata um boi: insucesso (8990).

Bola – Sonhar com bola rolando: avareza (9889). Sonhar que está jogando bola: força, vigor (9018). Bola parada: presente em dinheiro (9107).

Bolsa – Sonhar com bolsa vazia: vida tranquila (3226). Bolsa cheia: dores de cabeça (3015). Bolsa fechada: inimigos invisíveis (3444).

Bomba – Sonhar com bomba-d'água: amor feliz (2403). Sonhar com bomba explosiva: desorganização no trabalho (2442).

Bombeiro – Sonhar com bombeiros apagando incêndio: prosperidade (7791). Bombeiros desfilando: mal-estar (7660).

Bombons – Sonhar que está comendo bombons: situação mudada (8779).

Bonde – Sonhar com bonde parado: negócios mal encaminhados (3108). Bonde andando: mudança de casa (3447). Ser atropelado por bonde: falta de sorte (3466).

Boneca – Sonhar com boneca: necessidade de carinho (5555). Receber uma boneca: satisfação (5674). Dar uma boneca de presente: contratempos (5193). Boneca quebrada: desilusão (5332).

Boneco – Sonhar que brinca com bonecos: amizade inútil (2661). Sonhar com bonecos dançando: discórdia de amigos (2340). Vender um boneco: preconceito social (2229).

Borboleta – Sonhar com borboleta voando: prazeres no amor (7788). Sonhar com borboleta azul: preocupação amorosa (7807). Borboleta amarela: indecisão (7646). Borboleta vermelha: amor ciumento (7545). Borboleta de cores variadas: alguém o ama (7604). Borboleta em bosque florido: muitas alegrias (7983).

Bordado – Sonhar que está bordando: ambição, dinheiro (8862). Ver mulher fazendo bordado: dinheiro a receber (8791).

Bordel – Sonhar com bordel: mau agouro (7660).

Borracha – Sonhar com luva de borracha: saúde precária (5129). Sonhar com capa de borracha: más interpretações (5668).

Bosque – Sonhar com bosque: casamento próximo (5447). Sonhar que está pescando em bosque com outra pessoa: incerteza nos amores (5336).

Botinas – Sonhar que vê um par de botinas: mudança de situação (4995). Botinas novas: negócios realizáveis (4674). Sonhar com um par de botinas: vida complicada (4083). Sonhar que descalça botinas: cansaço (4332).

Bota – Sonhar que usa botas: riqueza (2211). Sonhar com bota velha: desilusão (2900). Sonhar que conserta bota velha: enriquecimento próximo (2569).

Botões – Sonhar que prega botões: prosperidade (8788). Sonhar que prega botões em uniforme: trabalho lucrativo (8176). Sonhar com botão de ouro: enlace matrimonial (8755). Sonhar que encontra um botão: bons amores (8774).

Braço – Sonhar com braços cortados: morte de parente (1103). Sonhar com braços magros: doença em casa (1082). Sonhar com braços gordos e benfeitos: boa recepção (1181). Com braços curtos: avareza (1980). Com braços compridos: lucros nas realizações comerciais (1769). Com braço cheio de pelo: filho que irá nascer (1248).

Brasa – Sonhar que se queima com brasa: inimigos perigosos (6567). Com brasas apagadas; morte de amigo (6776). Com brasas acesas: desentendimentos, brigas (6555).

Braseiro – Aceso: desejo carnal (8884). Apagado: isolamento, separação (8603).

Briga – Ver uma briga: inimizade inútil (9002). Sonhar que briga: dúvidas (9091). Desfazer briga: serenidade entre pessoas amigas (9870).

Brinquedo – Sonhar que está presenteando criança com brinquedo: felicidade (6909). Brinquedo quebrado: doença em criança (6798).

Bruxa – Sonhar com bruxa: vida desregrada (7217).

Brilhantes – Sonhar que está dando brilhantes: poder, riqueza (1226). Receber brilhantes: roubo de preciosidade estimativa (1255).

Brincar – Sonhar que brinca: casamento com muitos filhos (1454).

Búfalo – Sonhar com búfalo: dinheiro (2213). Sonhar com uma manada de búfalos: perigo (2412). Búfalos correndo: perigo na realização de negócios e com suas amizades (2261).

Buraco – Sonhar que cai em buraco: reconciliação (3190). Sonhar com buraco vazio: desgosto, decepção (3349). Sonhar que está cavando um buraco: doença de pessoa querida (3338).

Burro – Sonhar com um burro preto: ciúmes (4417). Burro branco: deve emendar-se (4456). Burro gordo: saúde (4425). Burro magro: miséria (4364). Burro correndo: perda de algo que se deseja (4403). Burro relinchando: mexericos (4502). Sonhar que vende um burro: fim de dificuldade (4691). Sonhar com burro carregado: negócios prósperos (4310). Com burro puxando carroça: participação inesperada em afazeres (4809).

Bússola – Sonhar que vê uma bússola: negócios claros e francos (6238). Sonhar que se orienta por bússola: viagem (6137).

Buzina – Sonhar que ouve uma buzina: preocupações (5506). Sonhar que se toca uma buzina: exibicionismo, imodéstia (5475).

Busto – Ver o próprio busto: prestígio (4334). Busto quebrado: moderação nas atitudes (4553).

C

Cabana – Ver uma cabana: calma, tranquilidade (9882). Sonhar que mora em uma cabana; satisfação, alegria (9771). Sonhar com cabana incendiada: doença (9109). Sonhar que constrói uma cabana: vida nova (9768).

Cabeça – Sonhar com uma cabeça calva: amizade infiel (1167). Cabeça grande: presentes a receber (7096). Cabeça pequena: intelecto desenvolvido (1075). Cabeça inchada: acidente com arma (1194). Cabeça fora do corpo: realizações impossíveis (1143). Cabeça branca: respeito (1242). Cabeça de animais: perda (1201). Cabeça ensanguentada: situação insegura (1340). Cabeça ferida: morte de pessoa da família (1899). Ver cabeça de pessoa morta: inimigos ferozes (1908).

Cabide – Sonhar com cabide vazio: ambição (7116). Cabide com roupas: pessoa vaidosa (7895). Cabide com chapéu: prestígio (7194).

Cabelos – Brancos: desgosto para cônjuge (2234). Cabelos negros: amor correspondido (2453). Cabelos louros: bons acontecimentos (2042). Pouco cabelo: dinheiro trabalhoso de ser conseguido (2131). Cabelo crespo: falta de saúde, doença (2900). Cabelos compridos: prosperidade (2559). Sonhar que penteia os cabelos: viagem satisfatória (2708). Cabelos encaracolados: desgostos (2897). Cabelos bem cortados e penteados com gosto: prazeres (2566). Moça com cabelos louros: colóquios amorosos (2765). Moça com cabelos ruivos: aborrecimento (2774). Cabelos que caem: separação entre amigos (2663). Mulher careca: miséria (2652).

Cabeleireiro – Sonhar que é cabeleireiro: perigos, traições (8888).

Cabras – Sonhar com cabra branca: sorte na vida (9890). Cabra negra: mulher com bom dote (9709). Cabra malhada: indecisões (9668). Cabra magra: mulher sem dinheiro (9117). Rebanho de cabras: alegria, contentamento (9098). Cabras correndo e pulando: viagem (9877).

Caçar – Sonhar que está caçando: dificuldades espirituais (4456). Sonhar que traz boa caça: enlace matrimonial (4335). Sonhar que volta sem nenhuma caça: tristeza (4554).

Cachaça – Sonhar com cachaça: vantagens (0063). Beber cachaça: moléstia (0042). Entornar cachaça: vida melhorada (0091). Fabricar cachaça: dinheiro (0080).

Cachimbo – Sonhar que está fumando cachimbo: inimigos de tocaia (6659). Acender um cachimbo: amores prazenteiros (6778). Cachimbo quebrado: calma (6907).

Cachorro – Sonhar com cachorro lhe lambendo: herança (7196). Cachorro grande: cuidado com amigos (7665). Cachorro pequeno: realizações bem fundadas para o futuro (7554). Cachorro preto: amigos falsos (7683). Cachorro branco: amores felizes (7432). Cachorro magro: parente em dificuldade (7651). Cachorro latindo: injúrias (7440). Briga de cachorros: desunião no lar entre parentes (7339). Cachorro e gato: brigas em casa (7558). Cachorro hidrófobo: receios concretizados (7227). Cão com cadela: união sexual (7426). Cachorro dormindo: pessoas ameaçadoras (7777).

Cadáver – Ver um cadáver: oportunidades firmes (2005). Sonhar que é cadáver: alegria (2914). Sonhar que transporta cadáver: indecisões (2553). Sonhar que fala a um cadáver: contrariedades, desilusões (2222). Desenterrar um cadáver: solidão (2202). Beijar um cadáver: vida venturosa (2441).

Cadeado – Sonhar com um cadeado: questão judicial (8870). Abrir um cadeado: realização de trabalho (8419). Fechar um cadeado: bom desempenho (8008). Cadeado quebrado: convalescença (8427). Cadeado arrombado: sorte (8666).

Cadeia – Sonhar com uma cadeia de outro: enlace feliz (7715).

Cadeira – Sonhar com muitas cadeiras: despesas (1894). Sonhar que está sentado: posição social estável (1133). Sonhar que alguém está sentado em uma cadeira: oportunidade perdida (1652). Sonhar que está em cadeira de balanço: vida despreocupada e tranquila (1771). Cadeira furada: brigas amorosas (1990). Cadeira quebrada: novo casamento (1229). Comprar uma cadeira: trabalhos mal remunerados (1668).

Café – Sonhar que planta café: dinheiro a receber (9887). Sonhar que ensaca café: prosperidade, fartura (9776). Sonhar que bebe café: saúde estável e bons negócios (9185). Sonhar com café doce: orgulho (9694). Sonhar que torra café: alegria (9113). Sonhar que lhe oferecem café: situação financeira prestes a melhorar (9702). Sonhar que cheira café: participação de pessoa distante (9121). Sonhar que entra em um café: pobreza (9800). Sonhar que entra em um café em companhia de outras pessoas: prestígio (9709).

Caiar – Sonhar com alguém caiando parede ou muro: prosperidade financeira (3228). Sonhar que caia uma parede: bom trabalho (3117).

Cair – Sonhar que cai em um buraco: situação difícil de resolver (7506). Sonhar que cai e não se levanta: acidente mortal (7445). Cair n'água e não se afogar: perigo de morte evitado (7484). Sonhar que cai na lama: fracasso de inimigo mal-intencionado (7103). Sonhar que cai de um prédio: perigo iminente (7992). Cair e levantar-se diversas vezes: conceito social impoluto (7551). Cair de um veículo: negócio prejudicial (7600).

Caixa – Sonhar com uma caixa grande: riqueza (1129). Com caixa pequena: aborrecimentos amorosos (1428). Com caixa fechada: conhecimento de segredo (1567). Com caixa vazia: fracasso (1726). Com caixa de ferro: avareza (1835). Com caixa de madeira: trabalho mal pago (1914). Com caixa leve: satisfação (1363). Com caixa pesada: possibilidade de perda monetária (1322).

Caixão – Sonhar que está dentro de um caixão: prisão (6231). Sonhar com um caixão: doença grave (6460). Pregar um caixão, fechando-o: esforço inútil (6239). Encher um caixão de roupas: doença (6738). Abrir um caixão com utensílios: prosperidade em trabalho (6457). Transportar um caixão: enfado (6250). Armar um caixão: trabalho mal remunerado (6476).

Caju – Sonhar com cajueiro: prosperidade (4235). Sonhar que colhe cajus: recompensa, prosperidade (4574). Sonhar que chupa caju: tranquilidade (4683). Vê-lo na árvore: dias venturosos (4822).

Cal – Sonhar com cal: negócio futuroso (3231). Trabalhar com cal: má sorte com subordinados (3910).

Calça – Sonhar que veste calça branca: alegria (2779). Se a calça é listrada: festas, prazeres (2858). Se a calça é escura: trabalho sem luta (2767). Sonhar com calça de mulher: falso caráter (2222). Sonhar com calças rasgadas: maus princípios (2746). Sonhar que caem as calças: inadaptação à situação (2535). Moça sonhar que tira as calças: desejo da liberdade (2274). Sonhar que costura as calças: brigas no lar (2243). Tirar as calças: humilhação (2852). Sonhar que costura as próprias calças: mágoas familiares (2111).

Calçada – Andar em calçada larga: mudança de modo de vida (8730). Andar em calçada estreita: deslealdade (8219). Andar em calçada lisa: perigo (8768). Andar em calçada esburacada: desacordos entre amigos (8337). Andar em calçada plana: horizonte largo a frente (8166). Trabalhar em calçada: comércio custoso (8888).

Calçado – Calçado rasgado: dificuldades removíveis (0775). Calçado sujo: despesa judicial (0234). Sapato limpo: negócio bem realizado (0463). Fabricar calçado: dinheiro (0552).

Sonhar que compram calçados: despesas grandiosas (0211). Vender calçados: êxito (0730).

Calção – Calções novos: dinheiro (4329). Calções velhos: despesas (4558). Vestir calções: férias agradáveis (4667). Tirar os calções: desejos maus (4336). Calções largos: dificuldades nos amores (4725). Calções estreitos: desgostos (4884).

Calcular – Sonhar que está fazendo cálculos: progresso, êxito (6666). Ver pessoas fazendo cálculos: declínio financeiro (6114). Resolução de cálculo trabalhoso: situação resolvida (6773).

Cálice – Sonhar que bebe em cálice: separação (5102).

Caldeira – Sonhar com caldeira apagada: miséria (9211). Com caldeira acesa: prosperidade, riqueza (9310). Com caldeira quebrada: risco de enfermidade grave (9779). Ver uma explosão de caldeira: acidente (9008).

Caldeirão – Sonhar com caldeirão fervendo: dinheiro inesperado (3997). Com caldeirão vazio: tristeza (5555).

Calo – Sonhar com calo doendo: preocupações (6446). Sonhar com muitos calos: perda de causa na justiça (7777). Cortar um calo: pessoa será raptada (1035).

Caldo – Tomar um caldo de sopa: fraqueza (2222). Preparar caldo: infelicidade no lar (3154).

Calor – Sentir calor: saúde invejável (3353).

Calvície – Sonhar que está calvo: doença (7312). Sonhar com alguém calvo: herança (8661). Sonhar com mulher calva: aborrecimentos (3333).

Calúnia – Sonhar que lhe caluniam: viagens cheias de prazeres (7140).

Cama – Sonhar com cama arrumada: situação estável (1279). Cama desarrumada: divulgação de segredos, males corporais (1878). Cama nova: amor inesperado (1247). Cama velha:

perda de dinheiro (5098). Cama quebrada: morte de pessoa conhecida (1285). Sonhar que se levanta da cama: mudança de negócio (1774). Sonhar que está deitado: perigo (1483). Desmontar uma cama: desastre (1042).

Camarão – Sonhar que está pescando camarão: boa situação (1261). Sonhar com cesta de camarões: palpite certo (1470). Comer camarões: discórdias (1519).

Camarote – Sonhar com camarote de navio: viagem (4408). Sonhar com camarote de teatro: situação inesperada (4227). Camarote com pessoas: surpresas (4886).

Camelo – Sonhar com camelo: riqueza, poder (7795). Sonhar que viaja em camelo: realizações em largo tempo (7144). Sonhar que sobe em camelo: trabalho (7093). Descer de camelo: descanso (7522). Camelo carregado: negócios fáceis (7722). Camelo morto: perigo (7151).

Caminhão – Sonhar com um caminhão parado: resolução demorada (2770). Caminhão abandonado: notícias a caminho (2989). Sonhar que está viajando de caminhão: mudança (2438).

Caminhar – Sonhar que caminha depressa: resolução imediata (5887). Andar devagar: fraquezas (5196). Caminha para trás: desgosto (5505). Caminhar sobre areia: trabalho bem pago (5094).

Caminho – Sonhar com caminho cheio de curvas: situação embaraçosa (2222). Sonhar com caminho reto e largo: prosperidade (2193). Sonhar com caminho estreito: trabalho mal pago (2272). Sonhar com caminho em floresta: convalescença (2021). Caminho enlameado: discórdia familiar (2000).

Camisa – Sonhar com camisa limpa: boas notícias (1129). Camisa suja: brigas, dificuldades (1978). Sonhar que veste camisa: visita que irá chegar (1287). Tirar a camisa: ilusão perdida (1506). Consertar a camisa: vida tranquila (1495).

Com camisa rasgada: bens (1084). Sonhar com uma camisa de homem: matrimônio (1773).

Camaleão – Sonhar com um camaleão: instabilidade sentimental (9752).

Campainha – Sonhar que ouve uma campainha: discussão sem proveito (5181). Sonhar que toca: visita que chega (5040).

Cana – Sonhar com cana: pobreza (7759). Sonhar que chupa cana: trabalho difícil de encontrar (7698). Sonhar com plantação de cana: situação embaraçosa (7527).

Canal – Estreito: dificuldade com dinheiro (9076). Largo: boas ocupações (9195). Canal seco: falência (9554). Sonhar que abre um canal: enlace (9223). Canal com navios: riqueza (9342).

Canário – Sonhar com um canário engaiolado: mulher atrevida e vigorosa (9572). Sonhar que está dando comida para canário: recompensa (9881). Sonhar que solta um canário: mudança de emprego (9270). Sonhar com canário morto: amigos infiéis e faladores (9669).

Candelabro – Sonhar com candelabro aceso: dinheiro realizado (2278). Candelabro apagado: doença (2027). Levar candelabro de um lugar para outro: impossibilidades (2106).

Candeeiro – Sonhar com candeeiro aceso: alegria (4325). Apagado: corpo doente (2554). Soprar um candeeiro: desventura (2133).

Canjica – Cozinhar canjica: boa saúde (3333). Comer canjica: saúde abalada por doença intestinal (3130). Ver alguém comendo canjica: discórdias (3159).

Canguru – Sonhar com canguru saltando: satisfação, alegria (2318). Canguru morto: morte de pessoa conhecida (2447).

Canhão – Sonhar com canhão: perigo (5196). Canhão desmontado e velho: repugnância (5775). Canhão atirando: mudança de emprego (5694).

Canivete – Sonhar com canivete: término de namoro (6666). Canivete fechado: calma (6423). Canivete aberto: más intenções (6982). Amolar canivete: relações ilícitas com mulher (6331).

Cano – Sonhar com um cano qualquer: boas realizações (0570).

Cantina – Sonhar com cantina vazia: falta de dinheiro (8089). Cheia: bom prognóstico (8888).

Canto – Ouvir mulher cantando: pesares (3718). Ouvir alguém cantar: firmeza em negócios (3007). Canto desafinado: discussões (3146). Sonhar que está cantando: tristezas (3325).

Capa – Sonhar com capa: prestígio (7754). Sonhar que veste uma capa: descrédito necessário (7013). Sonhar que desveste capa: situação perigosa para mulher (7883).

Capacete – Sonhar com capacete de aço: progresso (2292). Sonhar que usa capacete: posição social prestigiada (2811).

Capela – Entrar em uma capela: alegria (1111). Entrar em capela iluminada: sorte (1440). Estar fora da capela: futuro agradável (1489). Orar em capela: calma e alegria (1928).

Capim – Sonhar com capim seco: amores infelizes (2267). Capim verde: amor feliz (2596).

Capote – Sonhar que usa um capote: preocupações, dificuldades (8075). Sonhar que está retirando capote: dificuldades superadas (8434).

Capuz – Sonhar com pessoa de capuz: amizade (2313). Sonhar com capuz vermelho: vida complicada (2932).

Cara – Sonhar com cara risonha: felicidade (8401). Cara envelhecida: obstáculos (8180). Cara de pessoa jovem: vida feliz (8759). Cara pálida: pesares (8178). Cara corada: situação crítica (8227).

Carabina – Carabina nova: vida tranquila (1296). Enferrujada: objeções (1175). Manejar uma carabina: brigas e desacordos (1384).

Caranguejo – Pescar caranguejos: empresas complicadas (4444). Ver caranguejos: embaraços (4323). Comer caranguejos: dores fatídicas (4712).

Cárcere – Sonhar que está em um cárcere: sorte (2181). Entrar em um cárcere: trabalho difícil (2990). Sair de cárcere: vida melhorada (2559).

Cardeal – Sonhar com um cardeal: situação de perigo (3318). Sonhar com cardeal fazendo solenidade religiosa: morte de pessoa conhecida (3247). Sonhar que está conversando com um cardeal: notícias agradáveis (3396). Ser abençoado por cardeal: confusão mental (3435).

Careta – Sonhar com alguém fazendo caretas: amigos duvidosos (5555).

Carnaval – Sonhar com carnaval: obstáculos inesperados (7124). Tomar parte em carnaval: inimigos à vista (7423).

Carne – Sonhar que está comendo carne: saúde (8112). Sonhar com carne crua: mal-estar, doença (8591). Sonhar com carne cozida: desastre, acidente (8790). Sonhar com carne em açougue: pobreza (8029). Sonhar que está comendo carne humana: fortuna ilícita (8298).

Carneiro – Ver um carneiro: perda (1137). Sonhar com rebanho de carneiros: riqueza (1166). Sonhar que segura um carneiro: negócio rendoso (1205). Sonhar com carneiro mamando: enlace matrimonial (1784). Sonhar que está tosquiando carneiro: calvície futura (1993).

Carroça – Sonhar com carroça andando: notícias lisonjeiras e inesperadas (4242). Parada: vida incerta (4351). Subir em carroça: mudança (4810). Animal puxando carroça: progresso (4379). Carroça quebrada: encalhe (4628).

Carta – Sonhar que recebe cartas: notícias (7437). Escrever cartas: romance desfeito (7216). Ver alguém escrevendo cartas: surpresas (7035). Queimar cartas: reatamento amoroso (7514). Carta anônima: infidelidade conjugal (7053).

Carta de baralho – Carta de espadas: pagamento desfavorável (6062). Carta de paus: objeções (6281). Carta de copas: felicidade nos amores (6330). Carta de ouros: negócios rendosos (6579). Jogar cartas: azar (6683).

Cartão de visita – Dar um cartão de visita: amigos sem escrúpulos (7098).

Cartaz – Ver um cartaz: indiscrição (3447).

Carteira – Vazia: lucro (2222). Com muito dinheiro: situação crítica (2566). Perder a carteira: pêsames a receber (2785). Dar uma carteira a alguém: viagem (2894). Dar carteira com dinheiro para mulher: infelicidade no amor (2353). Achar uma carteira roubada: sucesso (2422).

Carteiro – Sonhar com carteiro entregando uma carta: falsidade (6211). Sonhar que o carteiro já vem: notícias (6770).

Cartucho – Sonhar que fabrica cartuchos: amigos falsos (5579). Sonhar que dispara cartuchos: sorte no jogo (5538).

Carvão – Sonhar que está acendendo fogareiro a carvão: filho que irá nascer (3797). Com carvão apagado: morte de pessoa conhecida (3886). Com carvão aceso: saúde (3665). Vender carvão: indisposição (3504). Comprar carvão: repugnância (3783). Ensacar carvão: casamento (3992).

Casa – Penetrar em uma casa: paz doméstica (7777). Construir uma casa: consolo (7071). Sair de casa: sorte (7010). Casa velha: penúria (7109). Casa nova: dinheiro para receber (7888). Casa incendiando: grande mal-estar (7118). Casa sem telhado: doença (7227). Casa caída: ruína (7006). Casa inundada: sorte no jogo e no amor (7995).

Casamento – Fazer um casamento: bom agouro (4454). Ser casado: desdita (4813). Ver um casamento: perigo (4292). Sonhar que se casa: vida mudada (4041). Se uma moça sonha que casa: contrariedades amorosas (4080). Casamento em igreja florida e iluminada: futuro risonho (4239). Casamento com viúva: surpresa (4578).

Castanha – Comer castanhas: realizações impossíveis (5587). Descascar castanhas: lucros (5516). Sonhar que apanha castanhas sob cajueiro: alegria no lar (5995).

Castelo – Sonhar que mora em castelo: má companhia (2314). Sonhar que entra em um castelo: casamento (2373). Sonhar com a fachada do castelo: vida transformada (2422). Sonhar com castelo incendiado: doença (2811).

Catacumba – Sonhar com catacumbas: imenso perigo (7710).

Catálogo – Ver catálogo: pessoas irão visitá-lo (6009). Abrir catálogo: notícia alvissareira (6118). Fechar um catálogo: violência (6557).

Cata-vento – Sonhar com cata-ventos girando: finanças em ascensão (5555). Com cata-vento parado: prejuízo (5696).

Catedral – Sonhar que entra em catedral: vitória sobre inimigos (1005). Com catedral fechada: afazeres na justiça (1024). Catedral aberta: retidão de caráter (1043).

Cauda – Sonhar com cauda curta de animal: remuneração pretendida (8888). Com cauda comprida: término de atribuições (8212). Com cauda cortada: separação (8521).

Cavaleiro – Sonhar com cavaleiro que cai do cavalo: perigo (9999). Com cavaleiro a galope: notícias agradáveis (9070).

Cavalo – Cavalo branco: herança (8009). Cavalo preto: sorte no jogo (8038). Cavalo magro: situação crítica (8207). Cavalo gordo: riqueza (8446). Cavalo morto: morte de parente

(8505). Andar a cavalo por rua: cura de doença grave (8484). Cavalo relinchando: futuro alegre (8683). Cair de cavalo: grande preocupação (8302). Estar montado a cavalo com mulher: infelicidade (8411). Comprar cavalo: fuga com moça (8710). Estar cavalgando cavalo gordo: prazeres amorosos (4887).

Caveira – Sonhar com caveira: desgraça (4008). Ver a sua caveira: vida longa (4887).

Caverna – Sonhar com caverna: amor infeliz (6606). Entrar em uma caverna: trabalhos ilícitos (6705). Separação entre amigos (6004).

Cebola – Comer cebola crua: aborrecimento (7073). Feixe de cebolas: velhice precoce (7042). Apanhar cebola: situação nova (7451). Descascar cebola: dinheiro (7880).

Cego – Sonhar com uma pessoa cega: morte de pessoas da família (8059). Sonhar que dá esmola a cego: coração bondoso (8408). Sonhar que está cego: desamor (8997).

Cegonha – Sonhar com cegonha voando: nascimento na família (5006). Sonhar com cegonha branca: matrimônio (5785).

Celeiro – Sonhar com celeiro vazio: más notícias (2004). Com celeiro cheio: abundância (2003).

Cemitério – Sonhar que está do lado de fora do cemitério: morte na família (3002). Entrar em cemitério: sucesso tardio (3211). Passar por cemitério: problema (3980).

Centavos – Contar centavos: lucro (9279). Ver centavos espalhados: prejuízo (9108).

Cera – Sonhar com cera escura: reconciliação com pessoa que se ama (0037). Com cera branca: acidente (0096). Com cera amarela: luto na família (5511). Com cera de ouvido: surdez iminente (0165). Com cera de abelhas: intrigas (0404).

Cenoura – Sonhar que está comendo cenoura: dores de dente (1123). Sonhar que planta cenouras: colheita abundante (1812).

Cereja – Comer cerejas: desejos satisfeitos (4341). Ver cerejas: ternura (4990). Dar cerejas a outra pessoa: amor fiel (8429).

Cerveja – Beber cerveja: calma, despreocupação (6068). Cerveja clara: notícias agradáveis (6297). Cerveja escura: doença estomacal (6426). Fabricar cerveja: recuperação de saúde (6275).

Cesta – Vazia: prejuízo (3354). Cheia de frutas: alegrias intensas, boas realizações (3923). Cesta com flores: casamento festivo (2292). Cesta com pão: prosperidade (8231).

Céu – Noturno: futuras contrariedades (5290). Céu claro: dias agradáveis (5859). Enevoado: repugnância (5768). Céu nublado: trabalhos difíceis (5467). Céu avermelhado: agitação política (5996). Céu enluarado: matrimônio breve (5565). Céu estrelado: venturas (5814).

Chá – Oferecer chá a alguém: descaramento, hipocrisia (5983). Tomar chá: doença sem gravidade (5672).

Chaminé – Saindo fumaça: boa sorte (7211).

Chapéu – Sonhar com chapéu rasgado e velho: pobreza, miséria (8310). Chapéu novo: situação estável (8469). Vender chapéus: transações desfavoráveis (8558). Com chapéu voando, levado pelo vento: desemprego (8967).

Charco – Ver um charco: dúvidas (5335). Cair dentro de charco: má situação (5444).

Charque – Vender charque: preocupação (2222). Comer charque: calma, descanso (2813). Preparar charqueada: intrigas (2992). Sonhar que está comendo charque: união (4581). Ver carne de charque: noivado breve (4960). Mau negócio (4350).

Charuto – Sonhar que está fumando charuto: velhice tranquila (1109).

Chave – Enferrujada: esforço sem proveito (9058). Com molho de chaves: prosperidade, chefia (9557). Ver uma chave: amante agradável (9666). Segurar uma chave: situação estável (9445). Meter uma chave na fechadura: progresso nos esforço (9334). Abrir uma porta com uma chave: casamento (9773). Fechar uma porta com chave: cautela (9062). Não conseguir abrir a porta: fracasso (9881).

Chicote – Sonhar com chicote: planejamento impossível (2200). Usar um chicote: desunião familiar (2709). Bater em alguém com chicote: inveja de sua prosperidade (2468).

Chifre – Ver alguém com chifres: perigo (3467). Mulher com chifres: ruína causada por mulher (3996). Chifre na própria cabeça: esposa traidora (3565). Receber chifrada: perigo à vista (3434). Buzinar um chifre: desejo desperto (3223).

Chinelo – Usar chinelos: viagem recreativa (5662). Possuir chinelos: desemprego (5781). Andar com chinelos velhos: nascimento de criança de sexo masculino (5900). Perder os chinelos: empresa lucrativa (5419).

Chocolate – Beber chocolate: saúde invejável (4228). Comer chocolate: bons amigos (4667). Fazer chocolate: posição destacada (4566).

Chorar – Sonhar que chora: contentamento (5195). Ver alguém chorando: preocupação (5774).

Chumbo – Ver chumbo derretido: questões na justiça (1123).

Chuchu – Comer chuchu: moléstia grave (2222). Cozinhar: intranquilidade (2722).

Chuva – Sonhar com chuva e trovoada: negócios irrealizáveis (6771). Chuva fina: lucro (6110). Chuva forte: dinheiro inesperado (6739). Molhar-se à chuva: fuga de pessoa indesejável (6558). Ver alguém se molhar: falecimento (6447).

Cicatriz – Sonhar com cicatriz no seu próprio corpo: amigos infiéis (9006). No rosto: fidelidade de mulher (9785).

Cidade – Grande: boa sorte (8804). Pequena: poucas relações de amizade (8933). Deserta: morte na família (8722). Cidade populosa: alegrias e contentamentos (8611). Retornar a uma cidade: trabalho infrutífero (8600). Cidade alagada por inundação: falência. Cidade incendiando: fome, miséria (8339).

Cigarra – Sonhar com cigarra cantando: pressentimentos maus (8238). Cigarra voando: desacordo, desilusão (8517).

Cigarro – Sonhar com cigarro: ódios (3206). Sonhar que acende um cigarro: satisfação (3345). Apagar um cigarro: contrariedades (3404).

Cinema – Sonhar que vê um filme de cinema: casamento (1003). Sonhar que está para entrar em um cinema: pouco trabalho (1012). Sair do cinema: inquietude, tristeza (1091).

Cinto – Velho: dificuldades (2861). Novo: prestígio social (2330). Ver alguém usar cinto: curiosidade (2559). Confeccionar cinto de couro: desejo intenso não satisfeito (2418). Comprar um cinto: briga familiar (2507).

Cinza – Espalhar cinzas: procedimento precipitado (6546). Remexer monte de cinzas: discussões desnecessárias (6106).

Circo – Sonhar com um circo: vida insípida (1225). Sonhar que trabalha em circo: doença (1854).

Círculo – Sonhar que está fora de um círculo: caso complicado resolvido (4444). Riscar um círculo em papel ou no chão: indecisões (4383). Se achar dentro de um círculo: descrença, ridículo (4302).

Cirurgião – Falar com cirurgião: inimigos maus e desleais (7701). Ver um cirurgião operando: imprevisão de situação (7690). Falar a um cirurgião: perigo (7629).

Cisterna – Tirar água de cisterna: tempo perdido (3568). Cavar uma cisterna: boa novidade (3417).

Cisne – Sonhar com um cisne: riqueza (7926). Cisne negro: desacordo, separação (7555). Dar alimento para cisnes: relações de conhecimento (7884).

Clarineta – Tocar clarineta: festejos (8803). Ouvir uma clarineta: boas amizades (8702).

Claustro – Entrar em um claustro: calma, tranquilidade (6551). Sair do claustro: surpresas (6440).

Clister – Tomar um clister: leviandade (1909). Aplicar um clister: domínio de inimigos (1768).

Cobra – Sonhar que mata uma cobra: inimigo descoberto (2237). Cobra de muitas cabeças: tentação (2566). Cobra mordendo: falsas palavras (2335). Cobra enrodilhada: traição (2444).

Cobre – Amarelo: calma (6773). Vermelho: amor feliz (6582).

Cocheira – Sonhar com cocheira vazia: pobreza (8801). Cheia de animais: riqueza, situação financeira muito boa (8650).

Coco – Comer coco: periga o seu bem-estar (7199). Tirar cocos de coqueiro: desentendimentos (7118). Beber água de coco: vida feliz (7667). Coco verde: felicidade ausente (7536).

Coelho – Negro: aborrecimentos (4415). Branco: amigos secretos (4334). Coelho cinzento: enlace (4113). Comer coelho: saúde (4012). Matar coelho: prejuízos (4101). Diversos coelhos: sorte em jogo e amores (4220).

Cofre – Aberto: despesas inúteis (2559). Fechado: segurança financeira (2668). Cheio de dinheiro: alegria (2897). Arrombar cofre: trabalho pouco rendoso (2222). Transportar um cofre: vida sacrificada (2556).

Cogumelo – Sonhar com cogumelo: vida longa (5825).

Colar – Sonhar com colar de brilhantes: ódios (4494). Sonhar com colar de pérolas: amizade que renasce (4333).

Colarinho – Sujo: dificuldades (8802). Limpo: êxito certo (8771).

Colégio – Sonhar que entra em colégio: perigo grandioso (9980). Sonhar que leva criança ao colégio: alegria (9179).

Cólera – Sonhar que está colérico: calma (6558). Ver pessoa encolerizada: resolução judicial favorável (6427).

Colchão – Velho: pobreza (8186). Novo: casamento (8115). Colchão de crina: alegrias (8774). Colchão de molas: interesse satisfeito (8343). Estar deitado em um colchão: discussão no lar (8122). Queimar colchão: moléstia (8311).

Colheita – Sonhar que está fazendo uma colheita: lucros imediatos (1100).

Cólica – Sonhar que sente cólicas: desgostos (2239).

Colher – Sonhar com colher: felicidade nos amores (1178). Colher de ouro ou prata: ganho no jogo (1887). Colher de pau: desilusão (1516). Colher de chumbo ou estanho: vida tranquila e feliz (1295). Colher enferrujada: reunião (1154).

Coluna – Sonhar com pessoa junto a uma coluna: situação inesperada (4143). Sonhar que está em cima de uma coluna: bom caráter ou reputação (4122). Cair de coluna: doença grave (4871). Coluna destroçada: falecimento (4670).

Comadre – Sonhar que recebe visita de comadre: negócio vultoso e próspero (2219). Sonhar que encontra com a comadre: inimigos trabalhosos (2088). Sonhar que conversa com a comadre: estás sendo iludido (2027).

Combate – Tomar parte em combate: encontro com inimigo (3365). Vencer inimigo em combate: boa situação (3442).

Comédia – Sonhar que assiste a uma comédia: resolução fácil de situação difícil (7784). Sonhar que representa uma comédia: realidade falsa (7178). Representar em uma comédia: moléstia (7760).

Comer – Sonhar que come peixe: férias (5577). Comer pão: vida longa (5420). Frutas: preguiça (5198). Comer queijo: lucro grande (5773). Carne: saúde (5110). Comer doces: noivado ou próximo casamento (5774).

Comerciante – Comerciante de fazendas: lucros compensadores (8812). Comerciante de cereais: negócios difíceis (8667). Sonhar que negocia: progresso (8440). Negociante de ferragens: prosperidade (8879).

Cometa – Sonhar com um cometa: perigo de resolução ou guerra (0097).

Comida – Sonhar com comida quente: negócios difíceis (1190). Comida fria: desprezo (1111). Comida sem sal: vida calma e insatisfeita (1223). Comida temperada: prosperidade passageira (1109).

Cômoda – Vazia: perdas, prejuízos (1776). Com roupa: realização dos desejos (1851). Comprar uma cômoda: futuro risonho (1174). Vender uma cômoda: dificuldades (1798).

Companhia – Companhia de muita gente: felicidade (2900). Estar em companhia de mulher: amores felizes (2267). Estar em companhia de um homem: posição social estável (2899). Estar em companhia de pessoas velhas: contratempos (2500).

Compasso – Sonhar com um compasso: vida dura (8809). Segurar um compasso: organização de projetos (8822). Abrir um compasso: decisão (8136). Fechar: impossibilidade de êxito (8248). Vender um compasso: penúria (8774). Comprar: emprego conseguido (8667).

Compras – Fazer compras: negócio rendoso (8446). Carregar compras: progresso (8195).

Comunhão – Fazer comunhão: felicidade (7994). Tomar comunhão em companhia de outros: boas notícias (7773).

Concerto – Ouvir um concerto: doença em declínio (2292). Sonhar que faz parte da orquestra que executa: saúde estável, despreocupação (4472).

Condenação – Sonhar que está condenado: vida torpe, de má reputação (0081). Ouvir a leitura da condenação: reabilitação de caráter (0020). Condenar alguém: desgosto (0079).

Confeitos – Vender confeitos: trabalho incerto (9958). Comprar confeitos: banalidades (9887). Comer confeitos: enlace amoroso (9446).

Conselho – Pedir conselho a alguém: má interpretação de palavras e atos (4485). Dar conselhos: rancores, brigas (4554).

Conservas – Comer conserva: riqueza (7663). Fabricar conservas: dificuldades nos negócios (7172). Servir conservas: novas amizades (7791).

Constelação – Sonhar com céu constelado: honrarias, progresso (1229).

Contar – Contar objetos: dificuldades (1888). Contar dinheiro: penúria (1867). Contar número de letras: fatos a ser resolvidos (1996).

Contrabando – Sonhar que faz contrabando: fracasso em negócios (2356). Sonhar que contrabandeia: bons negócios (2455). Vender contrabando: situação insegura (2673). Impedir um contrabando: situação elevada no conceito (2882).

Convento – Sonhar com convento: surpresa (1001). Entrar em convento: tranquilidade (1041). Morar em convento: desacordos domésticos (1099). Convento destruído: sorte (1778).

Conversa – Conversar com pessoa: situação incerta (2447). Conversar com esposa: tranquilidade no lar (2556). Conversar com muitos conhecidos: dificuldades (2575). Conversar com pessoas desconhecidas: agitação política (2814). Conversar com mulher bonita: desejo sexual (2333).

Convidados – Sonhar que recebe convidados: futuro com boa sorte (4142).

Convite – Receber convite: gasto inesperado (9011). Mandar convites: recebimentos de dinheiro (9889).

Copo – Vazio: fracasso em negócios (2222). Cheio de água: casamento (2454). Copo com vinho: festividade matrimonial (2785). Copo quebrado: mau augúrios (2336). Copo derramando água: morte de parente (2552).

Convulsão – Sonhar que está tendo convulsões: restabelecimento de saúde (5158).

Coração – Sonhar com o coração batendo forte: acontecimentos indesejáveis (1883). Sentir dores no coração: doença grave (1668). Coração parado: aflições (1865).

Cordeiro – Sonhar que está matando um cordeiro: aflição (7884). Cordeiro negro: tristeza (7662). Cordeiro branco: bons negócios (7556). Rebanho de cordeiros: situação desastrosa (7195). Transportar um cordeiro, carregando-o: futuro assegurado (7447). Cansaço físico (7121).

Cor – Amarela: ciúmes (1242). Azul: amigos em quantidade (1097). Branca: destaque social (1885). Vermelha: saúde (1664). Verde: calma (1873). Violeta: solidão (1447). Cinza: maldade (1259). Rosa: caráter correto (1903). Roxo: morte (1335).

Corcunda – Falar a um corcunda: sorte (7777). Ver um corcunda: notícia de pessoa distante (7801). Sentir-se corcunda: riqueza (7047).

Corda – Romper uma corda: desentendimento no lar (2443). Ver uma corda: dificuldades (2321). Segurar uma corda: indecisão (2457). Ver um rolo de cordas: inimizades entre amigos (2368). Estar preso por cordas: resolução de assunto difícil (2131).

Coro – Ouvir um coro em igreja: falecimento de parente (2984).

Coroa de flores – Sonhar com coroa de flores: alegria pequena (0043). Coroa de flores na porta: falecimento (0097).

Coroa de espinhos – Sonhar com coroa de espinhos: inimigos perseguidos (9002).

Corpo – Ver um corpo de homem nu: obstáculos facilmente ultrapassáveis (8187). Ver corpo de mulher nua: desejo sexual insatisfeito (8184). Ver um corpo gordo: saúde (8770). Corpo magro: dificuldades morais (8655).

Corrente – Sonhar que está preso a corrente: inimigos impiedosos e bárbaros (4361). Romper correntes: ânsia de liberdade (4687).

Correr – Sonhar que está correndo, cansado: doença (8772). Ver alguém correndo: alegrias (8645). Correr perseguindo pessoa: sucesso fácil (8548). Correr sem roupas: mania de exibicionismo (8005).

Corridas – De automóveis: morte de inimigo (6614). Corrida de homens: saúde boa (6548).

Cortina – Sonhar com cortina de seda: instabilidade financeira (5536). Cortina aberta: amigos leais (5012). Cortina fechada: amigo desleal (5441).

Coruja – Ver uma coruja: tristeza (8553). Ouvir uma coruja: grandes atrasos na vida (8775). Matar uma coruja: brigas entre amigos (8660). Ser perseguido e atacado por coruja: usura por dinheiro (8907).

Corvo – Corvo voando: perigo (1996). Matar um corvo: perigo desfeito (1873). Corvo sobre a habitação daquele que sonha: doença (1651). Corvo negro: luto na família (1764). Corvo branco: enlace matrimonial (1120).

Costelas – Quebradas: brigas no lar (1559). Costelas grandes: sorte nos negócios (1136). Comer costelas de porco: doença (1198). Comer costelas de carneiro: bons companheiros (1335). Assar costelas: boa saúde (1037).

Costura – Sonhar que está costurando: trabalho lucrativo (4102). Costurar com máquina: segurança, prosperidade (4334). Ver alguém costurar: situação estável (4221).

Costureira – Ver uma costureira: embaraços (8109). Ser costureira: pessoas intrigantes (8008).

Coxas – Sonhar com coxas de homem: desejos inconfessáveis (3101). Coxas de mulher: desejo intenso (3446). Coxas gordas: saúde (3223). Coxas magras: negócios irrealizáveis (3130).

Coxo – Ver um coxo: maus negócios (3097). Falar a um coxo: impossibilidade de aquisição (3082). Sentir-se coxo: prosperidade (3415).

Couro – Curtir couro: desgraças (4491).

Couve – Sonhar que está comendo couve: viagem (6666). Plantar couve: desejo realizado (6118).

Cozinha – Sonhar que está em uma cozinha: satisfação e alegria (4430).

Cozinheiro – Ver um cozinheiro: vida tranquila (2222). Ser cozinheiro: fracasso (2017). Despedir um cozinheiro: penúria (2471).

Cravo – Branco: amor estável (2336). Vermelho: perda de pessoa querida (2109). Cheirar cravos: notícia de pessoa que se ama (2903). Cravo cor-de-rosa: alegria (2095). Buquê de cravos: paz entre amantes, noivos, namorados e esposos (2008).

Credor – Sonhar que atende a um credor: prejuízos (3314). Ser credor de pessoa: perda de dinheiro (3112). Ver um credor: aborrecimentos (3227). Ser perseguido por credor: sucesso nos amores e negócios (3190).

Creme – Sonhar que come creme: casamento feliz (1106). Oferecer creme a alguém: projeto irrealizável (1881). Ser fabricante de creme: coisa de pouco lucro (1770).

Criado – Sonhar que tem muitos criados: abusos (2554). Sonhar ter um criado só: amigo desleal (2199). Com criado trabalhando: desentendimento em casa (2063).

Criança – Sonhar com uma criança: projetos a ser realizados futuramente (7705). Com crianças brincando: complicações no trabalho (7018). Com criança gorda: boas realizações (7760). Com criança magra: dificuldades na vida (7886). Falar com criança: contentamento (7067). Sonhar com criança morta: doença (7091).

Criminoso – Sonhar com criminosos: notícia inesperada (5044). Criminoso preso: absolvição de amigo (5099). Criminoso fugindo: desastre (5163). Ser criminoso: trama contra sua pessoa (5441). Prender criminoso: questão, intriga (5665). Ser agredido por criminoso: dias calmos (5432).

Cristal – Límpido: amor leal (9656). Escuro: incerteza quanto ao futuro (9110). Cristal quebrado: amor desfeito (9884). Segurar um vaso de cristal: pessoa falsa (9107).

Crocodilo – Sonhar com um crocodilo: perigo, deslealdade (6693).

Cristo – Sonhar com Cristo: amizade fraternal intensa (1609). Sonhar com Cristo na cruz: doenças, calamidade (1892).

Crueldade – Sonhar que é cruel com alguém: moral baixa (9885). Ser vítima de crueldade: desastre (9771). Ver alguém praticar crueldade: abatimento (9718).

Cruz – Sonhar que carrega uma cruz: pessoa resignada (1886). Cruz de madeira: desgosto (1659). Luminosa: espírito elevado (1014). Ver pessoa crucificada: maldade inata (1327).

Crucifixo – Ver um crucifixo: religiosidade (4115). Segurar um crucifixo: maus pressentimentos (4553). Crucifixo no pescoço: satisfação espiritual (4012).

Cumprimentar – Cumprimentar pessoa desconhecida: amigo fiel (1615). Receber cumprimento: falsidade de amigo (1063). Cumprimentar pessoa antipática: amizade reatada (1078). Cumprimentar pessoa conhecida: casamento breve (1871).

Cunhado – Sonhar com cunhado: discórdias em família (9880).

Cúpula – Sonhar que vê uma cúpula no alto: pessoa ambiciosa (7765). Cúpula branca: inclinações para realizações artísticas (7096). Vermelha: pensamentos impuros, indecentes (7223).

Curral – Vazio: falta de dinheiro (8774). Cheio: amizades insinceras (8446).

D

Dádiva – Receber uma dádiva: insucesso (1779).

Dados – Sonhar que joga dados: prejuízos (6653). Ganhar em jogo de dados: inimigos tramando sua desgraça (6325). Perder em jogo de dados: transações duvidosas (6148). Ver alguém jogar dados: indecisão (6553).

Dança – Sonhar que está dançando: mudança de modo de vida (8800). Ver outra pessoa dançar: aborrecimentos (8704). Ver muitas pessoas dançando: calma, tranquilidade (8667).

Dançarina – Sonhar que vê uma dançarina: maus negócios (2265).

Dama – Sonhar que está jogando damas: êxito proveitoso (7663). Ver alguém jogando damas: término de dificuldades (7299).

Decapitar – Sonhar que está sendo decapitado: morte de parente (1496). Ver alguém ser decapitado: inimigo ativo e constante (1221).

Dedal – Sonhar com dedal: trabalho inútil (4475). Dedal posto no dedo: futuro promissor (4323).

Dedo – Morder os dedos: abusos (7780). Sonhar que tem muitos dedos: herança (7576). Contar os dedos: perda de amigos (7444). Dedos com joias: intrigas (7190). Dedos compridos: ideias inabaláveis (7668). Ter dedos grossos: dinheiro (7012). Dedos curtos: ambição (7061).

Defesa – Defender alguém: desejo precário (9987). Alguém o defender: subordinação (9050). Negar-se a fazer a defesa de pessoa: trabalho que trará dores de cabeça (9153).

Degredo – Ser expulso de lugar onde vive: modificação de modo de viver (1907).

Deitar – Deitar-se sozinho: má notícia (6687). Deitar-se com mulher bonita: saúde (6548). Mulher feia: notícias desagradáveis (6393). Deitar com mulher de má fama: negócio rendoso (6096). Mãe que sonha que está deitada com os filhos: consolo (6410). Deitar-se no chão: imprevidência (6222)

Dentes – Dente que cai: pai ou mãe que morre (1558). Dente que nasce: nascimento de filho (1223). Dente que dói: mágoa crescendo (1090). Dentes alvos: riqueza (1338). Arrancar um dente: transposição de dificuldades (1085). Escovar os dentes: situação a se modificar (1443). Sonhar que faltam dentes na boca: problemas. Sonhar com dentes sujos: fato vergonhoso entre familiares (1078).

Dentista – Sonhar que vê um dentista: insatisfações (8441). Ser um dentista: más notícias (8054).

Deputado – Sonhar que é um deputado: solicitação de dinheiro que lhe será feita (4532). Ver um deputado: negócio fracassado (4198).

Desconhecido – Falar a um desconhecido: proposta desagradável (4570). Ver um desconhecido: imprevisão (4072).

Desabar – Sonhar que desaba a sua casa: perigo (2026).

Desenho – Sonhar que está desenhando: bem-estar (4293). Ver alguém desenhar: festas, diversões (4300).

Descoberta – Sonhar que descobre tesouro enterrado: perda de fortuna (7709).

Deserto – Sonhar que está em um deserto sozinho: sofrimento, abandono (9004). Com outras pessoas: conhecimentos sinceros (9442). Em um deserto com uma mulher: amor correspondido (9675).

Desordem – Ver fazer desordem: modificação de forma de vida (9010).

Despir – Sonhar que está despido: insatisfação (4598). Ver alguém despido: infelicidade conjugal (4325). Despir alguém com violência: perigo (4812).

Despedir – Sonhar que se despede: rompimento de laços amorosos (4110). Ver alguém se despedir: riquezas (4508).

Desprezo – Sentir desprezado: desentendimentos (1092).

Deus – Ver Deus: felicidade próxima (8000). Ver Deus estendendo os braços: melhora de condições monetárias (8103). Deus no céu: venturas (8204).

Diabo – Ver o diabo no fogo: desastre (7718). Sonhar que o diabo o carrega: perseguições (7692). Sonhar que vence o diabo em luta: caráter forte (7146). Fugir do diabo: perseguição pela justiça (7900).

Diadema – Ver um diadema: perda (1666). Pessoa usando diadema: perigo de pobreza (1888). Diadema de brilhantes: engano, desilusões (1299). Diadema de pérolas: contrariedades (1900). Diadema de pedras diversas: vida inútil sem atrativos (1161).

Diamante – Achar um diamante: aflições (9999). Usar anel de diamantes: realização de desejo íntimo (9871). Diamante grande: risco nos negócios (9546). Diamante pequeno: correção nos trabalhos (9444). Receber de presente um diamante: casamento (9777). Usar um diamante: falsidade de amigos (9881).

Dicionário – Ver um dicionário: cautela nas atitudes (8794). Abrir um dicionário: dúvidas (8662). Fechar um dicionário: atitude favorável (8447).

Dínamo – Sonhar com dínamo gerando força: aplicação de ideias geniais (0064).

Dinheiro – Achar dinheiro: mudança de situação econômica (4559). Contar dinheiro: perda no jogo (4895). Gastar dinheiro: herança (4790). Ver muito dinheiro: fartura breve (4146). Possuir muito dinheiro: complicações (4553). Pouco dinheiro: sucesso (4192). Perder dinheiro: acontecimento desagradável (4530). Dar dinheiro à esposa: amor sincero (4526). Fazer dinheiro falso: miséria (4792).

Diploma – Receber diploma em solenidade: riqueza, progresso (9908). Entregar um diploma: resolução de questão (9870).

Diretor – Sonhar que é diretor de organização: solução de desejo (1778). Falar a um diretor: impossibilidade de conseguir o que pretende (1196).

Dirigível – Ver um dirigível subindo: futuro agradável (2444). Descendo: participação de amigos e parentes (2118). Dirigível bem ao longe: desejos impossíveis (2512). Incêndio em dirigível: desastre, falência (2500).

Discurso – Fazer discurso: perigo próximo (8664). Ouvir alguém discursar: saudade de pessoa amiga (8441). Discursar perante muitas pessoas: situação perigosa (8245).

Discutir – Discutir com alguém: questão judicial vencida (8890). Discutir com superior: aspiração realizada (8566). Discutir com uma mulher: rivalidade em amores (8053). Discutir com velha: imprevisto desagradável (8108).

Divã – Sonhar que está deitado em um divã: futuro promissor (4444). Sentado em um divã: tranquilidade (4518). Deitado em um divã com outra pessoa: inconveniente (4115).

Divertimento – Sonhar que se diverte: alegria passageira (0074).

Dívida – Sonhar que paga uma dívida: futuro alegre (5648). Fazer uma dívida: concorrência em negócios e amores (5555).

Sonhar que está com muitas dívidas: dinheiro (5019). Cobrar uma dívida: desventuras (5704). Negar uma dívida: viagem próxima (5037).

Divórcio – Sonhar que, sendo casada, se divorcia: dinheiro a receber (6699). Se solteira: enfermidade grave (6881).

Doce – Sonhar que faz doces: desilusões (6772). Sonhar que come doces: satisfação, alegria (6114). Dar doces a outra pessoa: intrigantes e falsos amigos (6097). Vender doces: viagem (6023).

Documento – Sonhar que lê documento: situação duvidosa (1885). Documento espalhado: fatos desagradáveis (1907).

Doença – Sonhar que está doente: questões com a polícia ou justiça (2243).

Doente – Ver pessoa doente: contratempo (8888).

Dor – Sonhar que sente dor: saúde (9919). Se a dor é moral: situação de perigo (9006).

Dormir – Sonhar que dorme: acidente, roubo (1129). Dormir com mulher bonita: saúde precária (1195). Dormir com rapaz: cautela (1178). Dormir em cama macia: felicidade no amor (1176). Dormir só: tristeza (1263).

Dragão – Sonhar que mata um dragão: discórdias (8806). Sonhar que um dragão o ataca: pensamentos vagos (8903). Ver um dragão: poder (8001).

Drama – Sonhar que vê a representação de um drama: amizades falsas (2338). Sonhar que representa um drama: intrigas (2779).

Duelo – Travar duelo: complicações (5643). Ver alguém duelar: discórdias (5555). Vencer pessoa em duelo: inimigo perigoso (5293).

E

Ébrio – Sonhar que está ébrio: prejuízo em negócios (9883). Ver um ébrio: querelas judiciais (9015).

Eclipse – Ver um eclipse de sol: fracasso imenso (4498). Eclipse da lua: desentendimento com mulher (4675).

Eco – Ouvir o eco da própria voz: doença (4561). Eco de outra pessoa: insatisfação (4663).

Edificar – Sonhar que constrói uma casa: má sorte (8126). Se é prédio: cautela (8270). Sonhar que está construindo muro: negócios que não se realizarião (8823). Edificar ponte: viagem inesperada (8223).

Edifício – Sonhar com edifício baixo: prudência (3375). Edifício alto: realizações audaciosas (3442). Edifício de tijolos: riqueza acumulada (3221). De concreto: ambições realizáveis (3690). Edifício de madeira: lucros pequenos (3441).

Égua – Magra: dificuldades (7754). Gorda: casamento (7196). Égua em disparada: situação difícil de contornar (7202). Montar em um égua: desejo sexual forte (7668).

Elefante – Montar em elefante: amizade rompida (6900). Dar de comer a elefante: casamento de pessoa da família (6775). Ser atacado por elefante: derrota de inimigos (6107). Ver um elefante: perigo (6151). Ver muitos elefantes: cuidado com os inimigos (6554).

Eleição – Tomar parte em eleição: prejuízos econômicos (9669).

Eletricidade – Sonhar com fios ou aparelhos elétricos: questão judicial bem resolvida com ganho de causa (1226).

Elevador – Descendo: tristezas (8812). Subindo: prosperidade (8447). Vazio: vida inútil, sem esperanças imediatas (8435).

Eletricista – Sonhar com eletricista consertando instalação: atividade social (1129).

Elixir – Sonhar que está tomando elixir: saúde precária (8888).

Emagrecer – Sonhar que está magro: perda de emprego (0091).

Emboscada – Cair em emboscada: tranquilidade (8806). Preparar emboscada para alguém: mal-estar (8093).

Embriaguez – Sonhar que está embriagado: vida inútil (4480). Ver alguém embriagado: morte de inimigo (4104).

Emprego – Sonhar que perde emprego: melhora de vida (1556). Sonhar que pede emprego: vontade de progredir (1999). Arranjar emprego: solução (1227).

Empréstimo – Emprestar dinheiro: negócio rendoso (9193). Pedir empréstimo: ascendência social (9011).

Enfermeiro – Ver um enfermeiro: ajuda a pessoa conhecida (4444).

Enfermo – Sentir-se enfermo: disposição precária (9005). Ver um enfermo: nostalgias (9112). Ver muitos enfermos: acidente grave (9880).

Enforcado – Ver desconhecido enforcado: sorte no jogo (1193). Ver amigo enforcado: prosperidade crescente (1166). Sentir-se enforcado: herança (1019).

Enchovas – Sonhar que está comendo enchovas: fortuna (6697).

Engordar – Sentir-se gordo: fortuna (2231).

Ensanguentado – Ver-se ensanguentado: desastre de veículo (5578). Ver sangrar um ferida: doença seguida de operação (5294).

Enterrar – Sonhar que está enterrado vivo: doença prolongada (2460). Ver enterrar pessoa: cura rápida de doença (2772). Enterrar pessoa desconhecida: vitória sobre maus elementos (2595).

Enterro – Ver um enterro: casamento (1549). Enterro com muito acompanhamento: ótimas notícias (1236). Acompanhar enterro de amigo: traição (1453). Ver muitos enterros: doença grave (1887).

Enxada – Sonhar que está trabalhando com enxada: fartura, riqueza (9004).

Enxofre – Sonhar que está sentindo cheiro de enxofre: sorte (8818). Sonhar que está queimando enxofre: aborrecimento no lar (8901).

Enxoval – Enxoval de casamento: desgostos (8770). Enxoval de criança: laços amorosos desfeitos (8155).

Erva – Sonhar com erva verde: desemprego (9009). Erva seca: compromisso amoroso desfeito (9893).

Ervilha – Enlatadas: prosperidade (7667). Ervilhas cruas: miséria (7159).

Escada – Subir escada: aumento de ordenado ou de finanças (6505). Ver uma escada: dificuldade resolvida (6782). Cair de escada: doença grave (6541). Descer uma escada: negócios indo mal (6770). Carregar uma escada: dores, sofrimentos (6524).

Escafandro – Sonhar que está vestido de escafandro: impedimentos (1025).

Escola – Sonhar com escola: ativação mental (2678). Escola cheia de alunos: amigos indesejáveis (2593). Sair de uma escola: projetos impossíveis (2558). Ir à escola: trabalho agradável (2128).

Escorpião – Ver escorpião: más realizações (2440). Pisar em escorpião: nervosismo (2337).

Escrever – Sonhar que escreve à mão: má situação (9116). Sonhar que está escrevendo à máquina: negócio resolvido (9885).

Escuridão – Sonhar que está no escuro: solidão (3442).

Esmeralda – Ver uma esmeralda: felicidade e vida longa (4801). Receber um anel com uma esmeralda: felicidade no amor (4569).

Esmola – Dar uma esmola: surpresa agradável (3437). Sonhar que está pedindo esmolas: perda no jogo por muito tempo (3454). Sonhar que nega uma esmola: pobreza (3772).

Espada – Ver uma espada: falsidade de amigo (2248). Segurar uma espada: escudo para defesa (2346). Espada embainhada: inimigos ocultos (2773). Sonhar ferir-se com espada: falência (2885). Sonhar com espada enferrujada: negócio tardio (2560). Receber uma espada: união feliz (2449). Espada que na luta cai: isolamento (2347). Sonhar com espada brilhante: fama (2774).

Espelho – Ver-se no espelho: separação amorosa (9318). Ver no espelho alguém já falecido: viagem demorada (9421). Sonhar que está quebrando espelho: falta de sorte no jogo (9575). Espelho claro: melhora (9733). Escuro: traição (9277).

Espetáculo – Vazio ou com pouca gente: amigos que se afastam (7212). Espetáculo representando uma comédia: lucros (7559). Representando uma comédia: lucros (7559). Representando drama ou tragédia: doença grave ou luto (7686). Espetáculo cheio de gente: surpresa (7330).

Espectro – Escuro: falsidade de amigo (4444). Branco: fidelidade (4691). Sonhar com muitos espectros: separação (4298).

Espingarda – Nova: dinheiro (3215). Velha: prejuízo ou pouco lucro (3663). Dar tiros com espingarda: resolução improdutiva (3589). Comprar espingarda; amizades egoístas (3774). Vender uma espingarda: deslealdades (3510).

Espinho – Ser picado por espinho: intrigas (2217). Ver espinhos: rancores (2796).

Espírito – Ver nosso próprio espírito: vida longa (1032). Ver espírito de quem já morreu: convalescença de doença (1295). Falar a um espírito: morte de parente (1551).

Espirrar – Sonhar que está espirrando: traição (5288).

Esponja – Sonhar com esponja: melancolia, abatimento (4274). Usar esponja: avareza (4990). Esponja seca: amigos ordinários (4569). Espremer uma esponja: orgulho, teimosia (4582).

Espuma – Espuma de sabão: intranquilidade (3210). Espuma de cerveja: vida inútil com aborrecimentos (3766). Espuma de água do mar: situação instável (3258).

Esqueleto – Ver um esqueleto: doença de gravidade (2293). Ser perseguido por esqueleto: perigo (2731). Falar com esqueleto: discórdia (2910). Lutar com um esqueleto: vitória contra males ou situações (2824).

Esquife – Sonhar que está carregando um esquife: mudança de local (1392). Descer esquife à sepultura: desastre (1424). Sonhar com esquife vazio: tristeza intensa (1739).

Estalagem – Penetrar em uma estalagem: descanso após dias trabalhosos (4517).

Estandarte – Conduzir estandarte: exibicionismo (7375). Suspender estandarte: pessoa que se salienta politicamente (7210).

Estanho – Derreter estanho: pobreza (5663). Soldar com estanho: dificuldades (5728).

Estante – Vazia: falta de trabalho (8332). Cheia de livros: moleza, cansaço (8106).

Estátua – Estátua de mulher: desgosto no lar (6274). Estátua de homem: casamento rápido (6582). Ver uma estátua falando: cuidado com os amigos mais caros (6435). Estátua de mármore: amor não correspondido (6832). Estátua quebrada: negócios ruinosos (6971). Estátua trabalhada; êxito, progresso (6104). Estátua de bronze: falta de crédito (6700). Estátua caída no chão: perda de ilusões (6895).

Esterco – Sonhar com monte de esterco: dinheiro (7231).

Estilete – Sonhar com estilete: intrigas (4349). Ferir pessoa com estilete: contrariedades amorosas (4716). Sonhar ser ferido por estilete: desilusão amorosa (4552).

Estojo – Estojo de joias: pouco dinheiro (3451). Estojo de talheres de mesa: desejos insaciáveis (4875). Estojo vazio: vida sem finalidade (4513).

Estômago – Sentir o estômago vazio: miséria (3540). Sentir dor no estômago: doença (3705).

Estrada – Estrada reta: vida certa, segura (1003). Estrada curta: vida incerta (1996). Estrada cheia de curvas: vida com imprevistos (1338). Estrada estreita: vida difícil (1721). Estrada enlameada: vida embaraçosa devido às falsidades (1624).

Estrada de ferro – Ver passar um trem: existência longa (8293). Viajar em estrada de ferro: progresso nas realizações (8906). Estar em estação de estrada de ferro: bons negócios irão aparecer (8601).

Estrela – Sonhar com estrela brilhante: felicidade próxima (2522). Estrela de pouco brilho: vida com decepções (2859). Chuva de estrelas: sorte no jogo (2457). Estrela cadente: separação (2913). Estrela brilhando sobre sua casa: morte de parente (2735). Muitas estrelas brilhando: vida plena de prazeres felizes (2500). Estrela azul: futuro risonho (2401). Estrela amarela; discórdias políticas (2917). Estrela vermelha: mau augúrio (2753).

Estudar – Sonhar que está estudando: felicidade próxima (9315). Ver alguém estudando: progresso nas realizações (9537). Ver estudantes: morte de amigo íntimo (8653).

Estufa – Sentir-se numa estufa: vida calma (5555).

Éter – Cheirar éter: conquista, sedução (4238).

Evangelho – Ler o evangelho: intenções agradáveis (7295).

Exame – Ver pessoa prestar exame: bons negócios a realizar (8237). Prestar exames: tristeza, decepção (8461).

Excremento – Ver excrementos: dinheiro (4490). Pisar em excrementos: aflições. Expelir excrementos: corpo sadio (4553).

Exéquias – Ver exéquias de algum conhecido: falsidades (5421). Assistir às exéquias de parente próximo: prosperidade (5994). Ver as próprias exéquias: satisfação (5008).

Exército – Ver exército marchando: derrota (1385). Ver um exército com feridos e cadáveres: convalescença de doença (1452). Ver exército fazendo manobras: luto na família (1856). Estar no exército: lucros ínfimos (1458). Ver exército em formatura: tranquilidade popular (1883).

Exílio – Sonhar que foi exilado: prosperidade (7315). Ver alguém no exílio: questões na justiça (7498). Partir espontaneamente para o exílio: infelicidade amorosa (7536). Voltar do exílio: pazes com pessoa querida (7517).

Exposição – Sonhar com exposição de objetos: prejuízos decorrentes de despesas inúteis (5462). Exposição de flores: revelações bem agradáveis (5444).

Extrema-unção – Dar a extrema-unção: cura de doença grave (3285). Receber a extrema-unção: existência longa (3953).

F

Fábrica – Sonhar com fábrica: casamento rico (2230). Ver uma fábrica funcionando: desejo totalmente realizado (2975). Fábrica fechada, em greve: cuidado com inimigos (2673).

Faca – Ofertar faca: rompimento de amizade (4497). Encontrar uma faca: noivado próximo. Atirar uma faca em alguém: questões policiais (4652). Faca enferrujada: fuga de pessoa que se quer (7418). Afiar uma faca: traição (4111). Transportar faca: barulho, desordem (4159). Facas cruzadas: crime (4956). Cortar-se com faca: conversa desnecessária (4658).

Facada – Levar uma facada: doença (9413). Dar uma facada: loucura (9999). Pessoa esfaqueada: nascimento de filho (9118).

Face – Sonhar com face de mulher bonita: amor feliz (4572). Com face triste: discórdia (4888). Com face alegre: desilusão (4931).

Fachada – Sonhar com fachada nova: infidelidade entre amigos (2323). Sonhar com fachada velha: desenganos (2915). Sonhar com fachada em mau estado: falência (2378).

Fada – Sonhar com uma fada: vida inútil (0025). Abraçar uma fada: sorte na loteria (0201). Falar a uma fada: boas realizações (0594).

Faisão – Faisão sendo comido: saúde (3937). Faisão voando: futuro risonho (3662). Faisão no chão: miséria (3446).

Falar – Falar com alguém: aborrecimentos (5555). Falar com muitas pessoas: dificuldades (5728). Animal falando: viagem (5857). Morto falando: restabelecimento de doença (5964). Falar sozinho: contrariedades (5057). Falar com inimigo: desavença entre esposos (5202).

Falência – Sonhar que faliu: sorte no jogo de azar (1107). Sonhar que está perdendo dinheiro por falência: herança para receber (1900). Ver alguém falir: cuidado com traições (1359). Desejar a falência de alguém: prejuízo (1463).

Falsário – Sonhar que é falsário: riqueza (9908). Ver um falsário: desacordo (9314).

Família – Família distante: boas notícias (6557). Regresso à família: casamento breve (6412). Estar no seio da família: viagem (6309). Família reunida: mau casamento (6735). Sonhar que tem grande família: segurança financeira (6886).

Fantasma – Sonhar que um fantasma o persegue: vida ameaçada (3211). Fantasma branco: vida feliz (3998). Fantasma negro: más notícias (3771). Ver um fantasma: preocupações com a saúde (3402). Falar com fantasma: doença grave (3718). Muitos fantasmas: preocupações (3923).

Fardo – Carregar um fardo: aborrecimentos (4502). Ver alguém carregando fardos: ajuda de pessoa amiga (4825). Muitos carregando fardos: dificuldades de vida (4337). Ver um fardo: trabalho inútil (4736).

Farinha – Ver alguém comer farinha: melhoria de situação econômica (5719). Sonhar que está despejando farinha: má sorte no jogo (5837). Farinha em sacos: prosperidade (5612). Farinha alva: bons momentos (5741). Sujar-se com farinha: ódios, rancores (5218).

Farmácia – Sonhar com farmácia estando são: doença prolongada (8246). Se doente: saúde (8445). Farmácia com muitos remédios: modificação de atitude ou forma de trabalho (8300). Farmácia muito concorrida: prejuízos (8554).

Farmacêutico – Sonhar que é farmacêutico: despesa com doença (4221). Falar com farmacêutico: desavenças (4278).

Farol – Ver um farol aceso: bons amigos (7777). Ver um farol apagado: tristeza, solidão (7816).

Favas – Sonhar com favas verdes: desilusão (2448). Comer favas: perigo iminente (2663). Colher favas: conquistas amorosas (2715). Comprar favas: doença passageira (2907).

Febre – Sonhar que está febril: notícias desagradáveis e repentinas (7321). Sonhar com alguém com febre: noivado ou casamento (7073).

Fechadura – Sonhar que está tentando abrir uma fechadura: esforço sem resultado prático (6666). Sonhar com algo fechado que se abre com facilidade: êxito amoroso (6012).

Feijão – Sonhar com feijão-preto: trabalho útil (1018). Com feijão-branco: saúde (1910). Com feijão-mulatinho: alegrias (1404). Comer feijão: má situação (1295). Colher feijão: falsidade (1511). Com feijão seco: vida cara (1603).

Feira – Sonhar que trabalha em feira: felicidade em casa (2007). Sonhar que faz compras em feira: vida regalada (2522).

Feiticeiro – Sonhar com feiticeiro: morte de pessoa indesejável (9018). Sonhar que fala ao feiticeiro: vida melhorada (9106).

Feixe – Sonhar com um feixe de lenha: trabalho mal pago (4405). Feixe de varas: vida próspera (4807).

Fel – Sonhar que toma fel: infidelidade (6600). Sonhar que vomita fel: separação (6712).

Feno – Sonhar com feno: êxito (4614).

Fera – Ver muitas feras: inimigo tramando (7338). Ser atacado por feras: cuidado com suas economias (7907). Fera enjaulada: má situação (7312). Ser domador de feras: cilada (7510).

Féretro – Carregar um féretro: viagem (6554). Conduzir féretro de criança: tristeza (6216). De adulto: desejo realizado (6723).

Ferida – Sonhar que está cheio de feridas: sorte no jogo (3557). Com feridas saradas: amigos prontos para o trair (3660). Morrer com feridas: convalescença de pessoa da família (3709). Estar ferido: lucros (3444). Ver alguém ferido: amigo triste (3512). Moça sonhar estar ferida: riqueza (3226). Ferir alguém: vida tranquila (3178).

Ferradura – Sonhar com ferradura: viagem (8888). Achar uma ferradura: prosperidade (8019). Ferradura com cravos: sucesso (8320).

Ferrar – Ferrar cavalos: sorte (0733). Sonhar feijão branco ferrando jumento ou burro: impedimento (7407).

Ferreiro – Sonhar que é um ferreiro: trabalho realizado (5104). Mulher que sonha com ferreiro: gravidez (5701).

Ferro – Sonhar com ferro em brasa: acidente ou crime sangrento (3204). Ferro quente: complicações, discussões (3812). Ferro frio: calma (3508).

Ferrolho – Sonhar que está fechando porta ou janela com ferrolho: decepção amorosa (4046). Abrir um ferrolho: distrações (4533).

Festa – Sonhar que dá uma festa: perigo sem gravidade (6060). Assistir festa: casamento (6723). Festa popular: doença (6278).

Fezes – Sonhar com fezes: viagem agradável (5210). Examinar fezes: dinheiro (5091). Levar fezes para exame: promessas realizáveis (5296). Cheirar fezes: negócio em progresso (5724).

Fiar – Sonhar que fia algodão: desavenças no lar (1222). Fiar lã: viagem (1910).

Fígado – Sonhar com fígado de animal: riqueza (4042). Cortar o fígado de animal: desgosto (4802). Estar doente do fígado: adversidade (4922).

Figo – Sonhar que está comendo figo: satisfação (1109). Sonhar com figos maduros: prosperidade (1306). Com figos secos: falência (1714). Com figos em calda: amigos sinceros (1801).

Figura – Sonhar com desenho de figura: desemprego (5024). Figura de mulher nua: desejos sexuais (5321). Figuras coloridas: divertimento (5408). Figura em parede: contrariedades (5035).

Filha – Sonhar com muitas filhas: dificuldades futuras (8217). Sonhar com casamento da filha: negócio solucionado (8512).

Filho – Sonhar com filho: futuro próspero (3333). Sonhar com muitos filhos: atividade nas realizações (3665). Ter filho de outra cor: briga no lar (3956). Com filho ferido: aborto (3462). Sonhar com filho morto: parto normal (3848). Desastre com filho: dinheiro (3221). Com filho aleijado: acidente (3990). Com filho desaparecido: melhoria de vida (3102).

Filme – Ver um filme na tela: boas notícias (7703). Ver filme cômico: amigos unidos (7352).

Fio – Sonhar com fios embaraçados: calúnias (8223). Sonhar que está cortando um fio: segredo revelado (8045). Sonhar que enrola um fio: insegurança (8406). Sonhar com um fio de ouro: intriga proveitosa (8714). Sonhar embaraçado em fio: prisão (8632).

Firmamento – Claro: felicidade (2208). Cheio de estrelas: futuro vivaz (2875). Enluarado: existência alegre e feliz (2963).

Física – Estudar física: enlace feliz (0451).

Fita – Sonhar com fita de pano claro: calma (3308). Sonhar com fita escura ou negra: falecimento de pessoa amiga (3397).

Flauta – Sonhar que está ouvindo uma flauta tocar: abatimento (4552). Ver alguém tocar flauta: insucesso nas empresas (4919). Dar uma flauta de presente: tendência a enganar aos outros (4603).

Flecha – Ver uma flecha: incidente de pouca gravidade (0912). Muitas flechas: melhora de situação (0104). Jogar flechas ao alto sem acertar no alvo: satisfação de desejo (1085). Quebrar uma flecha: desengano (1863).

Flor – Colher flores: lucros insignificantes (3785). Cultivar flores: resolução de dificuldade (3651). Receber flores: noivado (3228). Oferecer flores: separação (3447). Flor branca: felicidade (3481). Flor vermelha: amor intenso (3546). Flor amarela: desgosto (3220). Flores campestres: satisfação (3865). Coroa de flores: notícia triste (3241). Flor murcha: rompimento, separação (3198).

Floresta – Sonhar que está em uma floresta: prosperidade (5716). Estar em uma floresta com uma mulher: aventura amorosa (5795). Floresta incendiada: viagem dificultosa (5808). Perdido em floresta: desespero (5291).

Fogão – De ferro: desejo realizado (4404). Apagado: necessidades: (4197). Aceso: perigo iminente (4272). Trabalhar com fogão a lenha: má remuneração (4986).

Fogo – Sonhar com fogo: ciúme intenso (6913). Sonhar que está apagando fogo: perda de emprego (6775). Brincar com fogo: cuidado com inimigos (6067). Fogo chamejante e intenso: amor apaixonado por alguém (6370). Fogo com fumaça: amizade com pessoa indesejável (6836). Soprar fogo: desilusão (6971). Queimar-se com fogo: desejos não realizáveis (7762). Fogo de artifício: desunião (6553).

Fogueira – Sonhar com fogueira: notícias desagradáveis (2256).

Foguete – Sonhar que solta foguete: pequeno perigo (1012). Com foguete explodindo: transporte acidentado (1210). Com foguete esplodindo no ar: perigo de desastre (1576).

Foice – Sonhar que corta árvore com foice: trabalho intenso (7179). Que corta mato rasteiro: negócio sem futuro (7132).

Folha – Folhas caindo da árvore: doença com restabelecimento breve (3137). Com folhas espalhadas no chão: sorte no jogo (3275). Com folhas verdes: êxito (3241). Com folhas secas: tristezas (3160).

Fome – Sentir fome: triunfo (4453). Ver alguém com fome: renascimento de amor (4831). Mulher com fome: gravidez (4575). Aplacar a fome: ganho de questão na justiça (4896).

Fonte – Ver uma fonte: abundância (7172). Fonte seca: luto (7475).

Forca – Sonhar que está levantando forca: mudança de situação (2013). Sentir-se enforcado: prestígio (2928). Ver alguém enforcado: abusos passageiros (2310).

Formiga – Saindo do formigueiro: derrota de inimigos (7075). Matar formigas: esbanjamento de fortuna (7932). Ser picado por formigas: fartura (7000). Formigueiro vazio: mudança de casa (7137). Destruir formigueiro: atitude prejudicial (7479).

Fornalha – Acesa: saúde (1000). Apagada: interrupção de atividade (1059).

Forno – Aceso: resolução acertada (4076). Apagado: fracasso (4212).

Fortaleza – Sonhar com uma fortaleza: resolução inabalável (5779). Entrar em uma fortaleza: rancores (5872). Estar no interior de uma fortaleza: situação firme (5918).

Fortuna – Sonhar que rico fica pobre: sorte no jogo (0035). Sonhar que está rico: pobreza (0074).

Fósforo – Sonhar com fósforo aceso: infidelidade de pessoa amada (2028). Fósforo que se risca e não acende: alcance impossível (2993). Sonhar com caixa de fósforo: emprego conseguido (2331).

Fosso – Cavar um fosso: esforço sem proveito (9325). Saltar um fosso: melhora mental (9507). Cair em fosso: pessoa infiel (9401).

Fotografia – Dar fotografia: felicidade em amor (1425). Sonhar que recebe fotografia de alguém: entendimento amoroso (1069). Tirar foto de si mesmo: sucesso (1974). Rasgar fotografia: discórdia (1316).

Frade – Falar a um frade: cautela (2328). Confessar-se a um frade: tranquilidade (2423). Frade em sua casa: tristeza (2511). Ver um frade ao longe: perigo (2667).

Frango – Assado: boas realizações (5255). Frango no quintal: passeios, viagens (5292). Comer frango: mal-estar (5820).

Freira – Sonhar que vê uma freira: situação desagradável (6286). Falar a uma freira: notícias alvissareiras (6929).

Frio – Sentir frio: separação, isolamento (4794).

Fritar – Carne frita: doença (1377). Fritar ovos: pessoa infiel (1473). Fritar peixe: grave mal-estar (1828). Fritar batatas: saúde (1041).

Fronte – Sonhar que se vê com a fronte levantada: conceito na sociedade (9056). Com fronte abaixada: má situação (9722).

Frota – Frota de navios: situação que necessita esforço (4225). Frota de navios de guerra: instabilidade de governo (4556). Frota de veleiros: aspiração alcançada (4990).

Frutas – Sonhar que colhe frutas: prosperidade (8225). Sonhar que come frutas: prejuízo (8449). Com frutas verdes: dificuldades financeiras (8307). Com frutas bichadas: falsas amizades (8452). Com frutas maduras: jogo e amores felizes (8566). Com maçã: alegria (8624). Com banana: necessidade de expandir-se (8238). Com mamão: negócio não solucionado (8443). Com abacaxi: ilusões (8888). Com pera: dinheiro (9811). Com figos: sinceridade (8317).

Fugir – Sonhar que está fugindo: dignidade ultrajada (6210). Sonhar que foge e o alcançam: negócios sem sucesso (6716). Mulher que sonha fugindo de homem: casamento (6349). Sonhar que foge de prisão: dúvidas infundadas (6453).

Fumaça – Ver fumaça subindo: felicidade (8135). Fumaça sufocando-o: fracasso (8512). Fumaça branca: satisfação (8698). Fumaça escura: falência no futuro (8200).

Fumar – Fumar cigarros: boa notícia (1224). Cachimbo: derrota de ambições (1357). Charuto: riqueza, progresso (1823). Assistir uma pessoa fumando: desilusão (1509).

Funeral – Acompanhar seu próprio funeral: futuro agradável (7176). Ver passar um funeral: enlace ou noivado (7512).

Furto – Sonhar que comete furto: ofensas (5121). Ser furtado em algo: futuro venturoso (5825).

Fúria – Sonhar que sente fúria: insaciedade (4430).

Fuzil – Pegar em um fuzil: incerteza (3228). Disparar fuzil: resolução de questão trabalhosa (3520).

Fuzilamento – Sonhar que alguém vai ser fuzilado: ciúmes (6093). Fuzilar alguém: escândalo (6279). Sonhar que vai ser fuzilado: preocupação financeira (6816).

G

Gabinete – Sonhar com gabinete de médico: doença (1104).

Gado – Sonhar com gado em quantidade: abundância (9999). Com gado magro: penúria (9052). Com gado lutando entre si: recuperação do dinheiro perdido (9837). Com gado gordo: boa situação (9255). Comprar gado: novidades (9031). Vender gado: bons negócios (9097). Conduzir rebanho de gado: futuro claro e aprazível (9363).

Gafanhoto – Ver muitos gafanhotos; calamidade, desgraça (1308). Pegar gafanhotos: traições (1434). Praga de gafanhotos em plantação: contrariedades intensas (1600).

Gago – Sonhar que é gago: tranquilidade doméstica (4519). Ouvir gago falando: casamento ou noivado (4996).

Gaiola – Sonhar com uma gaiola vazia: casamento próximo (7072). Gaiola com pássaro: noivado (7535). Com pássaro fugindo da gaiola: reatamento de amizade amorosa (7661). Fabricar uma gaiola: discórdia (7447).

Galão – Sonhar com galão de farda: vaidade, êxito social (2358).

Galanteio – Sonhar que faz galanteio a alguém: rompimento de namoro (3333). Se moça bonita lhe faz galanteio: casamento (4444). Com moça que faz galanteio a outra: surpresas agradáveis (4502). Com galanteador de má conduta: recebimento de auxílio (5729).

Galinha – Comer galinha: doença (6276). Galinha assada: alegria (6372). Galinha com pintos: prosperidade (6428). Galinha no ninho: lucros (6480). Galinha cacarejando: dificuldades (5534). Matar galinha: dificuldade financeira (6627). Espantar galinhas: aborrecimento conjugal (6743).

Galo – Galo cantando: notícia de pessoa distante (7221). Galo brigando: desentendimento no seio de família (7335). Briga de galos: questões de dinheiro (7424). Galo com galinha: família que aumenta (7450). Galo morto: negócio sujeito à perda (7538). Comer um galo: realizações alvissareiras (7556).

Galope – Sonhar que está galopando a cavalo: amor bem-sucedido (9329).

Ganso – Ganso que grasna: novidades (1342). Ganso nadando: sossego (1450). Ganso voando: destaque social (1723).

Garagem – Sair de garagem: viagem desastrosa (4551). Entrar em garagem: calma, descanso (4677). Garagem cheia de carros: viagem (4935). Vazia: amigos afastados (4784). Trabalhar em garagem: aborrecimento (4678).

Garfo – Sonhar com garfo: sorte no jogo (7456).

Garganta – Sentir aperto na garganta: perigo (6259). Sentir dor na garganta: segredo descoberto (6712). Sentir a garganta cortada, sangrando: amigos desleais (6750).

Garrafa – Garrafa de vinho: corpo sadio (4256). Com garrafa cheia: satisfação (4569). Com garrafa vazia: doença (4827). Encher uma garrafa: nascimento de filho (4933). Garrafa quebrada: tristeza (4841). Comprar garrafa: maus negócios (4675). Vender garrafas: alegrias (4959).

Gato – Sonhar com gato preto: sorte no jogo (2024). Com gato deitado: precaução com pessoas más (2328). Com gato furioso: prejuízo (2472). Com olhos de gato brilhando no escuro: perigo à vista (2870). Com gato branco: mulher falsa (2786). Com briga de gato: intranquilidade doméstica (2894). Enxotar gatos: sucesso de justiça (2909).

Gaveta – Sonhar com gaveta vazia: perda (3213). Com gaveta cheia: riqueza (3567). Fechar uma gaveta: mulher audaciosa (3785). Com gaveta arrombada: viagem, mudança (3802).

Gás – Com gás escapando: luto na família (1908). Com gás apagado: cinismo (1501). Com gás aceso: conquista (1676).

Gavião – Sonhar com gavião longe, voando: pessoas falsas (5953).

Gaze – Vestido de gaze branca: noivado e casamento (2128). Gaze preta: luto (2374).

Gelo – Beber água gelada: rompimento de relações amorosas (1320). Sonhar com pedras de gelo: dinheiro (1455). Com gelo no mar: prosperidade próxima (1974).

General – Sonhar com general comandando tropa: surpresa (8625). Sonhar com general conhecido: bom amigo (8566). Sonhar com muitos generais: sorte com jogo de azar (8731).

Gengiva – Sonhar com gengivas sadias: futuro confiante (7839). Com gengivas doentes: presente de parente (7552).

Gesso – Moldar figura em gesso: doença de gravidade (1421).

Gigante – Ver um gigante: futuro próspero (3295). Ver muitos gigantes: sucesso nos trabalhos (3764).

Ginástica – Ver uma moça fazer ginástica: casamento (2222). Ver alguém fazendo ginástica: boa saúde (2574). Sonhar que faz ginástica: prosperidade na carreira profissional (2872).

Girafa – Sonhar com uma girafa: casamento com pessoa mais velha (4456).

Girassol – Sonhar com girassol plantado: desilusões (7221).

Golfe – Sonhar que está jogando partida de golfe: querelas na justiça (6684).

Gôndola – Sonhar com uma gôndola: triunfo sobre rivais (9274). Passear de gôndola: felicidade pequena (9325).

Gongo – Ouvir gongo: discórdia com patrões (7226).

Gordura – Gordura em quantidade: amores novos (1348). Gordura derretida: sucesso sobre malfeitores (1569). Ver gordura: desengano (1457). Comer gordura: doença intestinal (1239). Sonhar que está gordo: herança (1111). Ver alguém gordo: satisfação no trabalho (1905).

Gota – Sonhar que está doente de gota: perigo (5679).

Graça – Sonhar que faz graças a uma pessoa: proteção de alguém que lhe tem amizade (3321). Sonhar com amigo fazendo graças: futilidade (3780).

Grade – Sonhar com grade: abusos com dinheiro (8901).

Granito – Sonhar com granito: insucesso (4328). Quebrar pedras de granito: sucessos (4333).

Grama – Sonhar com grama verde: graça almejada (1184).

Granja – Sonhar com granja cheia de aves: sorte no jogo (8700).

Gravata – Sonhar que está dando laço em gravata: noivado (6685). Com gravata vermelha: desastre (6758). Sonhar que vende uma gravata: doença, solução de dificuldade (6441). Usar gravata: doença na garganta (6223). Tirar a gravata: convalescença (6338). Gravata azul: pessoa ciumenta (6199). Gravata branca: descrédito (6555). Gravata colorida: confusão (6113).

Gravidez – Sonhar que está grávida: nascimento (1447). Se a pessoa é solteira: desenlace amoroso (1881). Se a mulher é viúva: novo casamento (1773). Ver uma mulher grávida: dinheiro para receber (1868). Sonhar que dá a luz: felicidade no jogo (1332).

Greve – Sonhar que está fazendo greve: insatisfação por motivos financeiros (0010).

Groselha – Comer groselha: bom sucesso (8530). Groselhas vermelhas: sorte (8774).

Grito – Ouvir pessoa gritando: acontecimento desagradável (9876). Sonhar que está gritando: doença de nervos (9653). Dificuldade em gritar: nobreza, vida trabalhosa (9177).

Guarda – Sonhar que é guarda-civil: perda de dinheiro (1333). Sonhar que vê um guarda: embaraços (1121). Sonhar que fala com um guarda: intranquilidade (1668).

Guarda-chuva – Fechado: luto na família (8765). Aberto: perigo invencível (8184). Perder o guarda-chuva: infidelidade conjugal (8665).

Guarda-roupa – Sem roupa, vazio: contrariedades (6590). Guarda-roupa cheio: negócio lucrativo (6768).

Guerra – Sonhar com guerra: má sorte (1999). Estar lutando na guerra: convite falso (1023). Voltar da guerra: sucesso (1772).

Guilhotina – Ver uma guilhotina: morte de pessoa amiga (8655). Sonhar que está sendo guilhotinado: saúde (8321).

Guitarra – Sonhar que está tocando guitarra: alegria despreocupada (8080).

Guizos – Sonhar que está ouvindo sons de guizos: temor infundado (7674).

H

Habitação – Nova: alegria (8642). Velha: tristeza (8551). Dentro de habitação com outros: contato social intenso (8115). Construir habitação: luto (8109). Incêndio em habitação: pobreza (8010).

Harmônica – Ver pessoa tocar harmônica: noivado desmanchado (7114). Sonhar que toca harmônica: amores felizes (7009).

Harpa – Tocar harpa: tranquilidade (6062). Ver pessoa tocar harpa: desagrado (6197).

Hemorragia – Sonhar que tem hemorragia: doença (4553). Pessoa com hemorragia: zelo para com objeto estimado (4211).

Hera – Sonhar com hera sobre parede ou muro: amizade sincera (5516).

Herança – Sonhar que recebe uma herança: provável desemprego (4444). Perder uma herança: deve prevenir-se contra pessoas mais chegadas (4096).

Hino – Sonhar que está cantando hino: retorno de amigo ou parente (8770). Ouvir cantar: viagem (8888). Compor um hino: progresso (8015).

Hidrofobia – Ver um cachorro hidrófobo: cautela com os caminhos com pouca iluminação (9197). Ser mordido por cão hidrófobo: mulher sabida e invejosa (9029).

Homem – Mulher que sonha com homem simpático: desgostos (1773). Sonhar que ama um homem: perigo de discórdias (1128). Sonhar que um homem a persegue: progresso sobre inimigos (1661). Homem alto: pessoa o protege (1110). Homem baixo: pessoa lhe tem inveja (1150). Homem branco: pessoa virtuosa (1000). Homem despido: desproteção (1085). Homem bem-vestido: insegurança (1772). Homem mal vestido: negócio inviável (1337). Falar a um homem: futuro incerto (1909). Homem com roupa preta: dinheiro insuficiente (1754). Homem de branco: riqueza (1166). Homem gordo: prosperidade (1383). Homem magro: temor (1271). Homem corcunda: ilusões passageiras (1688). Homem negro: perseguição (1452).

Honra – Sonhar que recebe honras militares: vitória nos negócios (8775).

Horas – Sonhar com relógio marcando horas: vida difícil (9000). Ouvir bater horas: encontros amorosos (9877). Sonhar que adianta os ponteiros do relógio: timidez ante as situações (9663).

Hospital – Ver um hospital: convalescença (8119). Sonhar que está internado em hospital: morte (8001). Sonhar que sai de hospital: questão resolvida (8506).

Hóstia – Sonhar que está recebendo hóstia: felicidade (8888).

Horror – Sentir horror: caráter sólido (1892).

Hospede – Sonhar que tem hóspede em casa: perigo (9115).

Hospício – Sonhar que está em um hospício: doença mental provável (1447).

I

Icterícia – Sonhar que está com icterícia: riqueza (2340). Ver alguém doente de icterícia: aborrecimentos (2443).

Ídolo – Ver um ídolo: contrariedade (8784). Ver ídolo andando: respeito por opinião alheia (8168).

Igreja – Sonhar com igreja: perigo (8705). Entrar em igreja: realizações felizes (8636). Assistir a missa: em igreja: confusão mental (8191). Igreja aberta: imprevisto (8779). Sonhar com igreja fechada: incerteza (8157).

Ilha – Ver ilha: falecimento do cônjuge (4143). Desembarcar em uma ilha: viagem difícil (4550). Ver ilha de longe: abatimento, solidão (4662).

Iluminação – Sonhar com cidade iluminada: alegria (1654). Ver cidade aos poucos ser iluminada: dias venturosos (8015). Sonhar com iluminação que se apaga: falecimento de amigo (1148).

Ímã – Sonhar com ímã: incoerências (1991).

Imagem – Sonhar com imagem conduzida em procissão: lucro certo (8719). Com imagem falando: futuro venturoso (8016). Comprar uma imagem: isolamento (8043). Vender uma imagem: mudança, transtorno (8507). Com imagem em altar: realização de promessa (8590).

Imóvel – Sonhar que não pode se mexer: fracasso nas realizações (7442). Sonhar com alguém imóvel: inocência (7555).

Imerso – Sonhar que está imerso em água: perigo de vida (0056).

Imperador – Sonhar que é imperador: vida trabalhosa (2348). Sonhar que vê um imperador: empréstimo perdido (2452). Falar a um imperador: ambição irrealizável (2497).

Imperatriz – Ver uma imperatriz: perda de posição (8700). Falar a uma imperatriz: desilusão (8074).

Impotência – Sonhar que é impotente: amores felizes (1883).

Imposto – Sonhar que está pagando impostos: falta de dinheiro (7619).

Imundo – Sonhar que está imundo: caráter reto (8776).

Incêndio – Sonhar que vê um incêndio: mudança (9881). Incêndio em sua casa: enlace próximo (9440). Incêndio em casa de pessoa amiga: abusos de lar (9868). Incêndio nas suas roupas: intrigas (9665). Apagar incêndio: má sorte (9777).

Incenso – Sonhar que está queimando incenso: saúde precária (8082). Sentir cheiro de incenso: ciúmes (8714).

Inchar – Sonhar que está inchado: riqueza (1661). Sonhar com outra pessoa inchada: privilégios (7813)

Indigestão – Sonhar que está com indigestão: doença no estômago (2496).

Inferno – Sonhar que está no inferno: aflições morais e físicas (5598). Sonhar que foge do inferno: sorte (5545).

Infeliz – Sonhar que é infeliz: boa situação (5297).

Infidelidade – Sonhar que alguém lhe trai: reconciliação (8629). Sonhar que é infiel: amor incompreendido (8441).

Inglês – Sonhar que fala com pessoa inglesa: desilusão de amores (1224).

Ingratidão – Sonhar que alguém lhe é ingrato: sorte no jogo (1995). Sonhar que é ingrato: casamento (1240).

Inimigo – Sonhar com inimigo: paz, reconciliação (8993). Falar a um inimigo: lar feliz (8689).

Injúria – Receber injúrias: participação próxima de fato agradável (1882). Receber injúrias de parente: viagem (1768). Dirigir injúrias: ingratidão (1105).

Injustiça – Sonhar que lhe causam injustiça: desejos realizados (8547).

Insetos – Sonhar com muitos insetos: exaltação (4344).

Instrumento musical – Sonhar que está tocando instrumento musical: nascimento de menino (4676). Ouvir: restabelecimento de doença (4411).

Insulto – Sonhar que está sendo insultado: rompimento de amizade (9609). Dirigir insultos: reatamento de relação (9760).

Intestinos – Sonhar que está vendo intestinos: más notícias (4582). Sonhar que está vendo os próprios intestinos: família aumentada (4677).

Inundação – Sonhar com inundação: melhora de dinheiro (5984). Sonhar que é vítima de inundação: precaução contra alguém (5118).

Invalidez – Ver alguém inválido: desilusão (5660). Sentir-se inválido: decepção quanto ao caráter de pessoa amiga (5543).

Invenção – Sonhar que inventa algo: futuro progressista e honroso (8896).

Inventário – Sonhar que faz inventário: prejuízo (7179). Ouvir leitura de inventário: querelas na justiça (7885).

Inverno – Sonhar com inverno intenso: dificuldades sérias (4652). Sonhar com inverno não muito rigoroso: brigas por questões monetárias (4318).

Invisível – Sonhar que é invisível: deve ter confiança nos amigos (1884).

Irmão – Sonhar com irmão distante: nascimento (8669). Irmão morto: recuperação de saúde (8113). Brigar com irmão: opiniões bem fundadas (8231).

Iscas – Sonhar que está colocando iscas em anzol: boa pescaria (0097).

J

Jabuti – Sonhar com jabuti: inimigo oculto (1670).

Jacaré – Sonhar com jacaré nadando: perigo de vida (5495). Com jacaré se aquecendo ao sol, em terra: amigo falso (5663). Com jacaré brigando: cuidado com mulher (5780). Matar jacaré: prosperidade econômica (5446). Ser atacado por jacaré: jogo com sorte (5412). Sonhar que foi mordido por jacaré: empecilhos (5028). Perseguir jacaré que foge: jogo lucrati.vo (5332).

Janela – Sonhar com janela: discussões no lar (1669). Sonhar que está se atirando de janela: preocupações monetárias (1257). Sonhar com janela aberta: ocasião oportuna (1551). Saltar uma janela: procedimento incorreto de amigo (1344). Ver pessoas à janela: prestígio (1456).

Jantar – Sonhar que janta sozinho: tendências solitárias (4438). Refeições a sós com outra pessoa: desejo sexual (4444). Jantar com amigos: despesas (4593).

Jardim – Jardim florido: satisfação (1220). Passear em jardim: dinheiro fácil (1774). Tratar de jardim: nascimento (1809). Jardim maltratado: sorte azarada (1616). Molhar as flores do jardim: vida azarada (1515). Colher flores em jardim: amores novos (1152). Sonhar que está passeando em jardim: progresso (1107).

Javali – Sonhar que vê javali: esperteza de inimigo (4493). Sonhar que mata um javali: rancores, inveja (4318). Sonhar que um javali o persegue: doença (4881).

Jejum – Sonhar que faz jejum: doença de pouca gravidade (4664).

Jesus – Sonhar com Jesus: tranquilidade, paz de espírito (1006). Sonhar que fala a Jesus: conselhos amigos (1029).

Joelhos – Sonhar com joelho bem torneado: vontade de casar (8805). Sonhar com o joelho ferido: luto na família (8142). Sonhar que está ajoelhado: dificuldades financeiras intensas (8277).

Jogo – Sonhar que ganha no jogo: má sorte (7701). Sonhar que perde: felicidade (7553). Jogo de xadrez: impedimentos (7618). Com jogos de cartas: prejuízos (7440). Com jogo de bilhar: ataque de inimigos (7236). Jogar com amigo: incertezas (7014). Jogar com inimigo: discórdias (7609).

Joia – Homem que sonha com joia: situação de mau aspecto (3782). Mulher que sonha com joia: grandes momentos felizes (3575). Receber joias de presente: insinceridade de pessoa que se ama (3190). Encontrar joia: felicidade próxima (3557). Perder joias: desesperança (3304). Joias expostas em vitrine: trabalho sem proveito (3441).

Jóquei – Sonhar que é jóquei: desastre (1663). Ver jóquei disputando corrida: felicidade intensa (1518). Sonhar que viu um jóquei: viagem imediata (1920).

Jornal – Sonhar que lê jornal: notícias agradáveis (1884). Sonhar que vende jornal: colocação fácil de negócios (1566).

Jovem – Sonhar que é jovem, não o sendo: vida longa (1111).

Judeu – Sonhar que é judeu: prosperidade (6882). Ver um judeu: dinheiro fácil (6597). Falar a um judeu: bons augúrios (6415).

Juiz – Sonhar que é juiz: responsabilidades (9891). Sonhar que fala com juiz: dificuldades (9779). Ver juiz em tribunal: assunto difícil de resolver (9103). Juiz de cartório: casamento (9656).

Julgamento – Ver alguém ser julgado: injúrias que lhe atingirão (2390). Defender ou acusar em julgamento: economias difíceis (2554). Tomar parte em julgamento: desgraças (2418).

Justiça – Sonhar com questões na justiça: perigos, brigas, acidentes (6610).

Jurado – Sonhar que é jurado: pedido de pessoa (6417). Ver jurados: pessoa da família envolvida em processo na justiça (6029).

Jurar – Sonhar que faz juras de amor a alguém: segredo descoberto (4491). Ouvir alguém lhe fazer juras: boatos sem confirmação (4622).

L

Lã – Sonhar com lã: dinheiro, riqueza (5555). Roupa de lã: timidez (5103).

Lábios – Lábios vermelhos: saúde invejável (5238). Lábios carnudos: forte desejo sexual (5146). Lábios pálidos: namoro (5080). Lábios sangrando: amor de grande intensidade (5665). Lábios inchados: doença (5441).

Labirinto – Sonhar que está em um labirinto: surpresa (5197). Em um labirinto com mulher: amor fugaz (5982).

Laboratório – Sonhar que está em laboratório: despesas (8716). Sair de laboratório: término de doença (8110).

Laço – Sonhar que está dando laço em sapato ou fita: bons momentos (9000).

Ladrão – Sonhar com ladrão dentro de casa: negócios prósperos (8663). Sonhar que está prendendo ladrão: despesas controladas (8114). Sonhar que é ladrão: má reputação (8019). Sonhar que persegue um ladrão: ação decente (8645).

Ladrilho – Sonhar com chão ladrilhado: melhoria de vida (7719).

Lago – Sonhar com lago límpido: felicidade (6906). Lago de águas escuras: falsidade (6164). Cair em um lago: doença grave (6552). Atravessar um lago a nado: sucesso (6997).

Lágrimas – Sonhar com lágrimas: calma e saúde (5555).

Lagosta – Sonhar que está comendo lagosta: provável doença intestinal (9891).

Lama – Sonhar que anda em lamaçal: vida atribulada e cheia de perigos (7590). Brincar com lama: pessoas insinceras (7433). Sonhar que lhe jogaram lama: ataques à sua honra (7248).

Lâmpada – Acesa: amor apaixonado (6196). Apagada: ciúmes (6123). Lâmpada queimada: dinheiro de surpresa (6057). Lâmpada nova: esperança de melhoria (6881).

Lamparina – Sonhar que acende lamparina: nascimento de filho (5149). Apagar lamparina: morte de parente (5062).

Lampião – Sonhar com lampião aceso: alegrias (5244). Apagado: trabalho intenso (5666).

Lança – Sonhar que quebra uma lança: cansaço (9808). Segurar uma lança: prosperidade, segurança (9113).

Lanterna – Apagada: realizações falsas (1887). Acesa: negócios prósperos (1241).

Lápis – Sonhar que aponta um lápis: inveja, egoísmo (8125). Escrever a lápis: desejo amoroso realizado (8910).

Laranja – Sonhar com laranja: desarranjo estomacal (5297). Sonhar que está chupando laranja: prazeres (5154). Sonhar que dá laranja a outro: noivado (5278). Sonhar que vende laranja: êxito no comércio (5783).

Laranjeira – Sonhar com laranjeira cheia de flores: casamento (1996). Sonhar com laranjeira carregada de frutos: mudança de trabalho (1269). Sonhar que está derrubando laranjeira: esforço inútil (1292).

Latido – Sonhar que ouve latido de cão: precaução (1886).

Latrina – Sonhar com latrina suja: desesperança (8718). Sonhar que está lavando uma latrina: alegrias (8264).

Lavadeira – Sonhar com uma lavadeira: futuro bem encaminhado (7690).

Lavar – Sonhar que está lavando a casa: mudança de conduta (5447). Sonhar que lava o rosto: noivado próximo (5195). Sonhar que lava os pés: aborrecimentos (5001). Lavando o corpo: transporte da família para outro local (5443). Lavando roupa: infidelidade de alguém (5669). Ver alguém lavando-se: notícia de pessoa distante (5196).

Lavatório – Sonhar que está em um lavatório: tristeza (2443).

Lavrador – Sonhar que é um lavrador: fartura, recebimento de herança (8185).

Lavas – Sonhar com lavas de vulcão: perigo (9087).

Leão – Sonhar com um leão: progresso nos afazeres (8172). Sonhar que está lutando com um leão: finanças em má situação (8888). Com leão em um circo: nascimento (8453). Domar um leão: questão resolvida (8090). Montar em um leão: ajuda política (8907). Sonhar que está matando leão: prisão de inimigos (8774). Sonhar que está vencendo um leão em luta: sucesso, êxito (8421).

Lebre – Sonhar com uma lebre correndo: situação boa (9778). Sonhar com lebre branca: êxito (9712). Sonhar com lebre preta: dinheiro difícil (9010).

Legumes – Sonhar com legumes: pobreza seguida de melhoria gradativa (1444).

Leilão – Sonhar que vê um leilão: perdas (8629). Sonhar que compra mercadoria leiloada: instabilidade emocional (8012).

Leite – Sonhar que está tirando leite de vaca: nascimento de filho: (1247). Sonhar que está bebendo leite: amor intenso (1664). Sonhar que está fervendo leite: viagem breve (1806). Sonhar que está vendendo leite: brigas (1299). Derramar leite: saída do emprego (1332).

Leitura – Sonhar que está lendo algo: trabalhos mentais proveitosos (8165). Sonhar com livros de estudo: sucesso na vida (8542).

Lenço – Lenço branco acenando: noivado (2453). Lenço sujo: despeito (2326). Lenço ensanguentado: desastre (2991). Lenço perdido: esquecimento (2100). Lenço limpo: namoro (2113).

Lençol – Sonhar que está vestido com um lençol: perigo de acidente (2885). Lençol branco: luto (2468).

Leoa – Ver uma leoa: paz doméstica (9883).

Leopardo – Sonhar que está vendo um leopardo: amigo desleal (7698). Ser atacado por um leopardo: perseguições de toda espécie (7222).

Lepra – Sonhar que está leproso: dinheiro recebido desonestamente (9989).

Leque – Abanar-se com leque: retorno amoroso (5463). Vender um leque: amor impossível (5101). Alguém o abanando com um leque: felicidade no amor (5094). Leque aberto: alegrias (5143). Leque fechado: tranquilidade sem proveito (5776). Dar um leque de presente: traição (5421). Leque semiaberto: desigualdade no amor (5142). Receber um leque: viagem (5667).

Ler – Sonhar que está lendo revistas: conforto no lar (9802). Sonhar que está lendo livro de orações: procedimento correto (9774). Ler placas de anúncios comerciais: surpresas (9619).

Licor – Sonhar que está tomando licor: alegria passageira (6100). Ver alguém bebendo licor: cuidado com suas diretrizes (6293). Vender licor: desengano amoroso (6888).

Ligas – Ver ligas de mulher: doença (1668).

Limão – Fazer uma limonada: resolução de negócio (8197). Sonhar que está chupando limão: traição de mulher (8445). Beber uma limonada: recusa de pedido (8294).

Língua – Sonhar que tem uma língua pequena: alegria (9600). Sonhar que tem a língua comprida: abusos (9432).

Livro – Sonhar com um livro encadernado: realização de boa empreitada (2443). Com livro em brochura: falta de dinheiro e meios (2576). Com livro de histórias em quadrinhos: calma (2675). Livro com figuras de mulheres despidas: pessoa de má fama o acompanha (2454). Som de livro sendo rasgado: mais afinco nas suas realizações (2698). Ver muitos livros: preocupações (2132). Com livro comercial de contabilidade: trabalho árduo (2443).

Lixo – Sonhar com lixo: falta de cuidado (8709). Monte de lixo: erro de proceder (8912). Apanhar lixo: aversão (8665).

Linha de bonde – Sonhar com linha de bonde: trabalho interminável (8709).

Lobo – Sonhar com um lobo: amizade com usurário (6909). Matar um lobo: angústia (6421). Ver alcateia de lobos: dores físicas e morais (6776). Ser perseguido por lobo: desorganização de empresa de comércio (6110).

Locomotiva – Sonhar com locomotiva: ótimas informações (7609). Sonhar que a locomotiva sai dos trilhos: dano (7172). Sonhar que está dirigindo uma locomotiva: evidência, prestígio (7887). Com locomotiva fazendo manobras: hesitação nas realizações (7123). Com locomotiva atrelada a carros: trabalho para juntar dinheiro (7012). Fabricar locomotiva: empreendimentos e lutas (7098).

Loja – Sonhar com loja repleta de objetos: incumbência trabalhosa (9185). Com loja vazia: folga, descanso (9421). Com loja incendiada: perda pequena (9097). Trabalhar em loja: inquietação (9643).

Loteria – Sonhar com bilhete de loteria: confiança que trará prejuízos (2420). Ganhar na loteria: malogro de realização (2341). Sonhar com os números do bilhete premiado: comércio em boas ofertas (2984). Sonhar com os números invertidos: extravio, desaparecimento de algo (2135). Assistir à extração de prêmios: ganho, proveito (2982). Vender bilhetes de loteria: azar no jogo (2421). Sonhar com bilhetes à venda: sorte (2020).

Louça – Sonhar que está vendendo louça: negócio que não será feito (8083). Comprar louça: conforto (8695). Sonhar com peças de louça: avareza (8107). Louça quebrada: rumo incerto (8632).

Louco – Sonhar que é louco: boa previsão (1225). Sonhar que está em um hospício: regozijo (1017). Ver um louco no sonho: trabalho espinhoso (1099).

Lua – Lua cheia: ventura amorosa (8598). Quarto minguante: tristeza profunda (8012). Lua nova: bom comércio (8000). Lua brilhante: amor e saúde (8776). Lua desaparecendo pela manhã: falecimento de chefe (8412).

Luneta – Sonhar que olha por uma luneta: ideia fixa (6666).

Luta – Lutar e vencer: trabalho bem pago (7165). Ver alguém lutando: ocupação árdua (7777). Apartar uma luta: dificuldades com pessoa bem relacionada (7198). Sonhar que luta com um amigo: paz, sossego (7403).

Luto – Sonhar que está de luto: acordo, reconciliação (7886). Outra pessoa de luto: melancolia (7095).

Luvas – Sonhar que está com luvas: prestígio social (1881). Ver alguém usando luvas: incertezas (1232). Negociar usando luvas: intrigas (1298). Luvas brancas: nascimento de amor (1564).

Luz – Sonhar com uma luz brilhante: felicidade (1092). Com luz vermelha: demandas judiciais (1477). Com luz mortiça: medo (1100). Com luz brilhando ao longe: sucesso futuro (1665). Com luz azul: zelo por pessoa (1564).

Luxo – Sonhar que vive em meio luxuoso: grande capacidade intelectual (8906).

M

Maca – Sonhar que está sendo transportado em uma maca: rumo mal orientado (9805). Ver uma maca: enlace venturoso (9112). Ver alguém ser levado em uma maca: vigor (9870).

Macaco – Ver um macaco: inimigo obstinado (4568). Ver muitos macacos: festa entre amigos (4784). Alimentar um macaco: intranquilidade (4444). Prender um macaco: tristeza por perda de dinheiro (4771). Macacos soltos: término de pobreza (4896). Sonhar que está sendo atacado por um macaco: sucesso sobre estranhos (4103).

Maçã – Macieira carregada: riqueza (1779). Maçãs caídas no chão: pequena herança para receber (1557). Maçãs ácidas: negócio intrincado (1886). Maçã podre: deslealdade de mulher (1923). Comer maçã: aptidão (1135). Comprar maçãs: regozijo (1758). Vender maçãs: trabalho árduo, dano (1670). Assar maçãs: restabelecimento (1555).

Macarrão – Comer macarrão: despesas (8752). Preparar macarrão: desaforos familiares (8444). Comprar macarrão: trabalho ingrato (8181). Vender macarrão: solução inopinada (8478).

Machado – Sonhar que está utilizando-se de machado: cautela com inimigo (4664). Amolar machado: precaução (4997). Sonhar com machado sem cabo: reação inútil (4783). Vender um machado: falência de inimigo (4426).

Macieira – Carregada de flores: felizes núpcias (6569). Derrubar uma macieira: retardamento de progresso (6666).

Madeira – Toras de madeira: mau encaminhamento de empresa (4471). Cortar madeira: pessoas intrigantes (4145). Trabalhar a madeira: sucesso nas realizações (4272).

Madrinha – Sonhar com madrinha: nascimento de filho (9999).

Madrasta – Sonhar que é madrasta: inimizades familiares (1050). Sonhar que tem uma madrasta: convalescença de parente (1567).

Mãe – Sonhar com a mãe: venturas (1008). Sonhar com a mãe morta: força, vigor (1503). Falar à mãe que morre: bom agouro (1606). Falar à mãe que se acha distante: boa informação (1805). Sonhar que abraça a mãe: sorte em jogo desportivo (1982). Sonhar que está morando com a mãe: carinho de alguém (1554).

Magreza – Sentir-se magro: saúde precária (4420). Ver alguém magro: trabalho incorreto (4783).

Mala – Ver uma mala cheia: prosperidade (7861). Comprar uma mala: remoção, viagem (7739). Carregar uma mala: pagamento lhe será feito (7892). Mala vazia: maus negócios (7268).

Mancha – Sonhar com manchas: amores mal-intencionados (8677). Limpar uma mancha: resultado feliz de questão (6674). Procurar limpar uma macha sem conseguir: infortúnio (6106).

Manhã – Sonhar com uma manhã radiosa: contentamento (4235). Manhã enevoada: desdita (4444).

Manteiga – Sonhar que é vendedor de manteiga: amigos desleais (4661). Comer manteiga: enfado (4150). Fabricar manteiga: nascimento na família (4774). Bater manteiga: tranquilidade, paz (4909).

Manuscrito – Sonhar com manuscrito: bom ânimo (1662). Sonhar que está lendo um manuscrito: sucesso nos negócios (1228).

Mão – Sonhar que está com a mão cortada: perda de amigo (9195). Ver uma mão em sonho: melhora de condição (9557). Ver uma mão bem pequena: fracasso (9183). Mãos limpas: comércio fácil (9880). Mãos sujas: procedimento doloroso (9156). Lavar as mãos: trabalho (9999). Ter muitas mãos: sucesso nos afazeres (9014). Mão com mais de cinco dedos: enlace ou noivado (9441). Mãos cabeludas: mágoas (9537). Mão fria: restabelecimento (9080). Mãos sem todos os dedos: separação (9665).

Mapa – Sonhar que está vendo um mapa; mudança feliz seguida de viagem (2883).

Máquina – Sonhar com uma máquina parada: desocupação (5898). Com máquina de costura: casamento (5156). Com máquina de escrever: boas conveniências (5059).

Mar – Sonhar com o mar: alegria (1132). Com mar revolto: má sorte (1774).

Marechal – Sonhar com um marechal: dinheiro futuro (4561).

Margarida – Sonhar com uma margarida: viagem longa (8776). Sonhar que está colhendo uma margarida: desengano (8339).

Marido – Sonhar com o marido: boa notícia (5775). Falar com o marido: dúvida (5555). Ver o marido com outra: discórdias (5150). Marido afastado, em viagem: notícias (5723). Ser viúva e sonhar que tem marido: casamento (5097). Regresso de marido ao lar: concepção (5091). Moça que sonha que tem marido: separação de amor (5666).

Marinheiro – Sonhar que é marinheiro: viagem (8654). Ver um marinheiro: traição de mulheres (8442). Sonhar com muitos marinheiros: viagem perigosa (8198).

Mariposa – Sonhar com mariposa voando: simplicidade, modéstia (8553). Sonhar com mariposa morta: depressão (8180).

Marmelada – Sonhar que come marmelada: ganhos de má procedência (2895). Sonhar que está fazendo marmelada: sucesso (2347).

Marmita – Sonhar com uma marmita cheia: fartura (1445). Vazia: êxito com brevidade (1773).

Mármore – Sonhar com estátua de mármore: embaraços (7179). Sonhar com mármore branco: prazeres (7798). Com mármore negro: moléstia (7165). Com mármore liso: negócios difíceis (7777). Com mármore quebrado: bom proveito (7184). Com cruz de mármore: luto (7192).

Martelo – Bater com um martelo: realizações possíveis (6698). Segurando um martelo: doença grave (6160).

Máscara – Ver uma máscara: ilusão (8981). Sonhar que está em um baile de máscaras: sucesso (8095). Sonhar ver alguém com máscara: hipocrisia de alguma pessoa conhecida (8447).

Mastigar – Sonhar que está mastigando: pessoa avara e gulosa (1904).

Mastro – Sonhar com mastro de navio: viagem perigosa (1148).

Massa – Sonhar com massa de farinha de trigo: avareza (8785). Comer massa: recompensas (8444).

Matar – Sonhar que mata alguém: desejo realizado (2441). Ver alguém ser morto: inimigos lhe acossam (2386). Matar animais: covardia (2552).

Mate – Tomar mate: estabilidade financeira (4907). Oferecer mate para pessoas: amigos corretos (4105). Negociar mate: desejos realizados (4081).

Mato – Andar no mato: proveito nos trabalhos (7654). Mato queimado: espera prolongada (7892). Cortar mato: plantação rendosa (7718).

Meada – Sonhar com meada de linhas: provocações inúteis (8665).

Medalha – Sonhar ter encontrado uma medalha: bem-estar (6881). Dar uma medalha: relações desfeitas (6543). Perder uma medalha: jogo sem sorte (6110). Vender uma medalha: indisposição, intrigas (6065). Sonhar com medalha de santo: fraqueza (6019).

Médico – Sonhar que é médico: proveitos (4498). Sonhar com um médico: aborrecimentos com adversário (4043). Sonhar com vários médicos reunidos: doença (4512).

Médium – Sonhar que é médium espírita: mau agouro (9000). Ver um médium em transe: loucura breve (9883).

Medo – Sonhar que tem medo: despropósito sem finalidade (1441).

Meias – Sonhar com meias de mulher: desejo sexual (7709). Com meias de homem: saúde precária (7987). Com meias de seda: despesas extras (7884). Com meias de algodão: herança (7665). Descalçar as meias: padecimentos, aflições (7700). Com meias rasgadas: pobreza breve (7014). Receber meias de presente: infortúnio (7798). Com meias pretas: comparecimento a enterro (7882). Com meias limpas: calma (7761). Com meias sujas: decadência (7993). Com meias furadas: sorte no jogo (7085).

Mel – Beber mel: calma, alegria (4458). Favos de mel: impotência (4666). Vender mel: logro (4887). Tirar mel de colmeia: infelicidade (4092).

Melão – Sonhar que está comendo melão: sorte no jogo (1345). Sonhar que está partindo um melão: bons prognósticos (1674).

Mendigo – Sonhar que é mendigo: riqueza (7901). Dar esmola a mendigo: negócio feliz (7555). Falar a um mendigo: consecução de vontade (7463). Ver muitos mendigos: doença (7550).

Menino – Sonhar que é menino: dano a alguém (8786). Ver um menino: surpresas (8661). Falar a um menino: inquietações

(8445). Sonhar com menino chorando: abusos (8520). Com meninos brincando: ajuda nos afazeres (8327). Com muitos meninos: ventura pequena (8143).

Menina – Sonhar com menina brincando: prazeres (2559). Ver uma menina: bem-estar (2774). Muitas meninas: predições de agrado (2457). Falar a uma menina: descanso, calma (2772).

Mensageiro – Sonhar com mensageiro que chega com notícias: infortúnios (8650). Mensageiro que traz flores: enlace (8888).

Mentira – Sonhar que está ouvindo mentiras: deslealdade de pessoa que se ama (4556).

Mercúrio – Sonhar com uma cuba contendo mercúrio: dinheiro (1221). Com mercúrio espalhado no chão: desgostos (1775).

Mesa – Sonhar que vê uma mesa: satisfação (2779). Sonhar que está sentado a uma mesa: fartura (2133). Sonhar que está sentado com outras pessoas à mesa: casamento (2024). A sós na mesa: pessoas desagradecidas (2097). Com mesa vazia: morte de parente ou amigo (2152).

Mesquita – Sonhar que vê uma mesquita: descrença (8786).

Metralhadora – Sonhar que dispara uma metralhadora: trabalho inútil (8760). Sonhar com metralhadora defeituosa: perda (8553). Ver uma metralhadora: união (8015).

Metro – Medir algo: trabalho proveitoso (8101). Moça solteira usando fita métrica: casamento (8918). Senhora casada que sonha com fita métrica: nascimento de criança (8545).

Milho – Sonhar com espigas de milho: negócios felizes (4539). Com milho em grão: herança (4482). Colher milho: sorte no jogo de cartas (4294). Ver um milharal: dinheiro farto (4550). Com milharal seco: prejuízos (4787).

Milionário – Sonhar que está milionário: falência provável (1553).

Militar – Sonhar que é militar: cansaço (9886). Ver um militar: dias próximos cheios de venturas (9871). Grupo de militares: desentendimentos (9095). Militares em desfile: viagem próxima (9180). Militar que o persegue: desgostos (9778). Sonhar com briga de militares: discórdias no lar (9004). Com militar morto: má saúde (9449).

Mina – Sonhar que está em uma mina de ouro: prosperidade (7898). Em mina de carvão: pureza d'alma (7662). Retirar-se de uma mina: tensão nervosa que finda (1076).

Minhoca – Ver uma minhoca: amigos desleais (4896).

Ministro – Sonhar que é ministro de Estado: impedimento (8784). Ministro religioso: atribulações (8541). Falar a um ministro: incertezas (8332).

Missa – Assistir a uma missa: ociosidade (4567). Missa de funeral: saúde crescente (4555). Rezar missa: ódios (4140). Sonhar com missa cantada: má saúde na família (4338).

Mistério – Sonhar com mistério: mau agouro (5152).

Mobília – Sonhar que tem mobília velha: desvelo por alguém (6174). Mobília nova: pensamentos não realizáveis (6885).

Moça – Sonhar com moça conhecida: separação amorosa (8336). Sonhar que está com muitas moças: desejo intenso (8992). Sonhar que está fazendo propostas para moça: casamento (8514). Sonhar que está sendo desprezado por moça: mexericos (8675). Sonhar com moça loura: bom emprego (8251). Com moça morena: realização (8720). Sonhar com moça feia: bem-estar (8774).

Moeda – Sonhar com moeda de ouro: êxito, prestígio (4551). Sonhar que está falsificando moedas: atraso na vida (4683). Sonhar com moeda falsa: sorte (4802). Com moeda de cobre: mudança súbita (4687). Achar moeda: resultado feliz (4310). Sonhar que perde moeda: desgraça (4206).

Moinho – Sonhar com moinho parado: prejuízos (7274). Com moinho andando: sucesso na vida (7402).

Moita – Sonhar que está oculto em moita: perigo (8888). Cortar uma moita: ganho de questão judicial (8089).

Montanha – Sonhar que está vendo montanha ao longe: desgosto (3333). Subir montanha: cansaço (3552). Descer uma montanha: recompensa (3814).

Monte – Subir um monte: regozijo (2201). Descer de um monte: embaraços (2785).

Monstro – Sonhar que está sendo atacado por monstros: perigo intenso (5654).

Monumento – Sonhar com monumento de bronze: temeridade (8452). De mármore: inveja (8965). Com monumento caído: mau êxito em comércio (8750).

Morango – Sonhar que está comendo morango: casamento (5471). Colher morangos: amores novos (5976).

Morcego – Sonhar com morcego: luto na família (6274). Com muitos morcegos: más predições (6907). Matar um morcego: insucesso (6845).

Mordaça – Sonhar que está amordaçando alguém: desonra (3260). Ser amordaçado: dificuldades intransponíveis (3741). Sonhar que está amordaçando um cão: vontade dominante (3562).

Morder – Sonhar que está sendo mordido: deslealdade (6738). Sonhar que morde alguém: sadismo oculto (6485). Sonhar que um gato lhe morde: desentendimento caseiro (6500). Mordida de cachorro: inimizades (6724). Se uma cobra lhe morde: traições (6431). Se outro animal lhe morde: poder (6925).

Morfina – Sonhar que está tomando morfina: críticas estimulantes (5555).

Moringa – Sonhar com moringa: desespero (7777). Moringa com água: aflições (7672). Moringa vazia: penas (7341).

Morte – Sonhar que vê o fantasma da morte: hecatombe social (4490). Falar com a morte: doença ligeira (4618). Fugir da morte: situação perigosa (6724). Sentir-se morto: vida longa (6829). Ver pessoa morrendo: nascimento (6931).

Morto – Sonhar que está morto: união (3270). Se uma pessoa casada sonha que está morrendo: separação (3886). Sonhar que está morrendo: emprego novo (3781). Enterrar um morto: dinheiro à vista (3885). Ver pessoa morta: mágoas (3661). Falar a um morto: nascimento de menina (3653).

Mosca – Sonhar com enxame de moscas: intriga (2917). Matar moscas: dinheiro para receber (2910).

Motocicleta – Sonhar que está andando de motocicleta: amores agradáveis (4692). Ver pessoa andando de motocicleta: desunião (4818). Comprar uma motocicleta: insegurança (4572). Vender uma motocicleta: bom negócio (4783).

Motorista – Sonhar que é motorista: posse conseguida (1019). Ver um motorista: agrado, carinhos (1993).

Mugido – Sonhar com animal soltando mugidos: situação instável (2306). Mugido de boi: perigo à vista (2779). Mugido de vaca: desgraça (2572).

Mudo – Sonhar que é mudo: reputação correta (7524). Tentar ser entendido por mudo: caráter pouco firme (7674).

Mula – Ver uma mula: aumento de empresa (6295). Ver mula carregada: perturbações (6871). Montar em uma mula: sorte em jogo (6381). Ver mula correndo: pobreza (6591). Ver mula conduzindo um carro: incitação à vingança (6581).

Muletas – Andar de muletas: doença grave (1816). Sonhar com par de muletas: recebimento de dinheiro (1327).

Mulher – Sonhar com mulher: doença (8785). Várias mulheres: estímulos (8260). Sonhar que está ouvindo voz de mulher: viagem (8317). Falar a uma mulher: desilusão (8501). Com mulher loura: alegrias (8771). Com mulher morena: avareza (8493). Com mulher grande: casamento (8326). Com mulher pequena: desunião (8625). Com mulher negra: brigas (8436). Com mulher magra: miséria (8663). Com mulher gorda: prosperidade (8179). Com mulher cantando: tristeza (8094). Com mulher chorando: êxito (8336). Com mulher dançando: cretinices de amigo (8401). Com mulher casada: infidelidade (8744). Com mulher brigando: paz (8905).

Multa – Sonhar que está pagando uma multa: ganho fácil (1506).

Multidão – Sonhar que está vendo uma multidão: abalo social grave (0085). Multidão em agitação: queda de governo, revolução ou guerra (0718).

Muro – Sonhar que está subindo em um muro: boas profetizações (7401). Construir um muro: impedimentos (7075). Pular um muro: consecução de desejo amoroso (7189).

Música – Ouvir música: casamento (5784). Tocar música: falecimento de parente (5709). Música sem afinação: pessoas inoportunas (5021).

Museu – Sonhar que se encontra em um museu: difamações injustas (6762).

N

Nabo – Sonhar que está plantando nabos: ganhos fáceis (4444). Colher nabos: afazeres (4532). Vender nabos: falsidades (4996).

Nadar – Sonhar que está nadando: contentamento (8732). Nadar no mar: viagem (8550). Nadar em mar revolto: lutas a vencer (8773). Nadar contra a corrente: sucesso honroso (8541). Nadar em água escura: tormentos (8339).

Nádegas – Sonhar com as nádegas: desprezo (5322). Sonhar com as nádegas de uma mulher: diligência útil (5436). Sonhar com as nádegas de um homem: sucesso em trabalho (5798).

Namorado – Sonhar que tem namorado: separação amorosa (3574). Sonhar que briga com o namorado: enlace (3999).

Namorar – Sonhar que está namorando moça loura: aspiração à conquista de riqueza pelo casamento (1107). Namorar com moça morena: lição penosa (1513). Namorar com mulata: desavenças resolvidas (1615). Namorar com mulher casada: destruição de ideia aprazível (1922). Namorar com pessoa velha: desentendimentos (1887). Namorar rapaz simpático: romance inútil (1704). Namorar rapaz alto: bem-estar impossível (1443). Senhora casada que sonha namorar: situação inopinada (1652).

Nariz – Sonhar que tem nariz grande: moléstia (2045). Sonhar que tem nariz pequeno: pronto restabelecimento de parente (2831). Sonhar que tem o nariz sangrando: coisa insignificante a receber (2509).

Nascimento – Sonhar com criança que acabou de nascer: saúde no lar (5452). Sonhar com muitas crianças recém-nascidas: desunião (5672). Sonhar com nascimento de gêmeos:

descontentamento (5786). Sonhar com animal nascendo: sucesso desagradável (5861). Sonhar com nascimento de pessoa falecida: riqueza (5894).

Naufrágio – Sonhar que afunda com um navio: doença ligeira (7270). Ver um náufrago pedindo socorro: luto (7832).

Navalha – Sonhar que está amolando navalha: bom agouro (6374). Cortar-se com navalha: desavenças (6987). Comprar navalhas: obstáculos (6383).

Navio – Sonhar com navio navegando: realização de um desejo (3568). Com navio veleiro navegando: sinal de notícia breve (3742). Com navio atracado: bom resultado de negócios (3867). Com navio afundando: embaraços com dinheiro (3854). Pessoa desembarcando de navio: regresso de ausente (3756). Estar viajando em navio: alegrias (3037). Com navio parado: incertezas (3153). Com navio com as luzes acesas: fortuna (3444).

Negro – Sonhar com pessoa negra: ventura (9087). Conversar com um negro: amigo falso (9778).

Negociante – Sonhar que é negociante: ideia fixa (2401). Ver negociante: contentamento (2672).

Neve – Sonhar com campo nevado: dificuldade que será vencida (1000). Sonhar com neve caindo: indisposição passageira (1723). Sonhar que está esquiando na neve: descanso (1342).

Névoa – Sonhar com névoa: futuro duvidoso (3786).

Ninho – Sonhar com ninho: nascimento (5674). Sonhar com ninho de pássaro: bom proveito (5865). Sonhar um ninho de cobras: tolices de mulher (5709). Sonhar com ninho vazio: questão perdida (5986).

Nó – Dar um nó em um barbante: progresso (8352). Dar um nó em uma corda: afeição retribuída (8465). Desmanchar um nó: perfídia (8516). Nó que não se desmancha: proibição (8324).

Nódoa – Nódoa na sua roupa: competição (6325). Nódoa em vestido de mulher: doença sem gravidade (6497).

Noite – Noite de luar: contentamento (7379). Noite cheia de estrelas: bom presságio (7780). Noite escura: desânimo (7361). Andar à noite: constelação (7275). Noite chuvosa: perigo (7284).

Noivo – Sonhar que está noivo: casamento não realizável (2295).

Nozes – Sonhar que está comendo nozes: melancolia (7372).

Nudez – Sonhar que está nu: pobreza (5674). Ver pessoa nua: desejos intensos (5818). Sonhar com mulher nua: desilusão (5432).

Números – Sonhar com muitos números: grandes empreendimentos (3396). Sonhar com números pequenos: logro (3275). Sonhar com frações: trabalho árduo (3683).

Nuvens – Sonhar com nuvens brancas: alegrias (4671). Com nuvens escuras: predições más (4896). Sonhar com nuvens levadas pelo vento: êxito (4870). Nuvens vistas ao crepúsculo: doença de parente (4598). Entrar em uma nuvem: distúrbios financeiros (4781).

O

Oásis – Sonhar que está em um oásis com uma mulher: consumação de ato sexual (7315). Sonhar que está só em um oásis: grande paz (7288).

Obelisco – Sonhar com obelisco: aumento de bens (5555). Com obelisco derrubado: negócio desfeito (5734). Com obelisco de muita altura: usura por riqueza (5287).

Oculista – Sonhar que é oculista: dano (2685). Consultar oculista: sentimentos honrosos (2583).

Óculos – Sonhar que compra óculos: fracasso em negócio (6672). Sonhar com óculos quebrados: falência (6874). Achar um par de óculos: saúde recuperada (6712). Usar óculos: pessoa ajuizada (6535).

Ódio – Sonhar que odeia alguém: provocações de mulher (3886). Sonhar que lhe odeiam: vitória sobre inimigos (3971).

Odor – Sonhar com mau cheiro: comoção pública (5876). Odor forte: mentiras de pessoa (5890). Odor sutil: conceito social (5271).

Ofensa – Sonhar que lhe ofendem: amizade proveitosa (7274). Ofender outra pessoa: despesas (7489).

Oficial – Sonhar que é oficial: responsabilidade proveitosa (8386). Ver um oficial: perda de situação (8502).

Oficina – Sonhar com uma oficina: prosperidade (6785). Oficina parada: fracasso nos seus empreendimentos (6899). Ser o dono da oficina: ocupação melhorada (6974).

Óleo – Sonhar que está vendendo óleo: prejuízo parcial (9871). Quebrar vidro de óleo em frigideira: sucesso garantido (9555).

Olhos – Olhos grandes: notícias de pessoas distantes (4487). Olhos pretos: idílio decepcionante (4512). Olhos tristes: saúde (4806). Olhos encobertos: dúvida (4673). Olhos azuis: venturas (4810). Olhos verdes: quietude falsa (4844).

Ombros – Sonhar com pessoa de ombros estreitos: peso na consciência (1423). Ombros largos: correção de atitude (1566).

Onça – Sonhar com onça presa: adversários manietados (2470). Sonhar que está vendo uma onça: cuidado com calúnias (2321). Sonhar que está matando uma onça: perfídia (2874).

Onda – Sonhar com ondas espumando de encontro à areia: logro de amigo (5673). Ondas em alto-mar: risco a correr (5888). Ondas quebrando sobre pedras: lutas trabalhosas contra pessoas de posição (5331). Andar sobre ondas do mar: má situação (5695).

Ondulação – Sonhar que está fazendo ondulação de cabelos: conceito social (4622).

Ônibus – Sonhar que está viajando: fracasso nos empreendimentos (7670). Ônibus cheio: riqueza (7658). Ônibus vazio: perda de bens materiais (7431). Dirigir um ônibus: empresa duvidosa (7653).

Ópera – Sonhar que está assistindo a uma ópera: felicidade incompleta (8300). Sonhar que está representando uma ópera: aversão por alguém (8545).

Operário – Sonhar que é um operário: melhoria de vida (3352). Sonhar que está despedindo operários: queda nas finanças (3668). Com operários sem trabalho: má sorte (3997).

Ópio – Sonhar que está fumando ópio: intriga com mulher (2521).

Oração – Sonhar que está orando: situação surpreendente (6452). Sonhar com pessoa orando: moléstia (6874).

Orador – Sonhar com um orador falando: falsidades (7256). Sonhar que é orador: vontade de atitudes íntimas com o público (7632).

Orelha – Sonhar com orelhas pequenas: cuidado com envolvimento em provocações (1298). Sonhar que tem orelha grande: pouca inteligência (1756). Sonhar com orelha cortada: doença grave na família (1890). Sonhar que está mexendo as orelhas: notícias de pessoa ausente (1709).

Órfão – Sonhar que é órfão: vida turbulenta (6263). Sonhar criando órfãos: miséria (6895).

Órgão – Sonhar que está vendo alguém tocar órgão: boas notícias (4452). Sonhar que está tocando órgão: calma, paz (4801).

Ossos – Sonhar que está vendo ossos no raios X: doença grave (1098). Sonhar que está vendo ossos: consternação (1657). Ver ossos de animal: mudança para melhor (1752). Sonhar que está enterrando ossos: obstáculos (1645).

Ostras – Comer ostras: virilidade, força (5773). Ver ostras presas às pedras: amizade venturosa (5801).

Ouro – Sonhar com ouro em quantidade: vida arriscada (7445). Cavar um local e encontrar ouro: distensões (7543). Amontoar ouro: sorte no jogo (7238). Sonhar que está recebendo presente de ouro: noivado e casamento (7666). Esconder ouro: perturbações financeiras (7193).

Ovelhas – Sonhar com ovelhas: decepção (1880). Matar uma ovelha: progresso trabalhoso (1298). Rebanho de ovelhas: comoção pública, revolução (1243).

Ovos – Sonhar com ovos: dinheiro amealhado (1669). Ovos podres: ciúmes (1775). Ovos quebrados: lar infeliz (1332). Ver galinha chocando ovos: nascimento de filho (1708). Comprar ovos: namoro renovado (1887). Comer ovo cru: desejo sexual (1441). Ovos cozidos: êxito fugaz (1750).

Oxigenar – Sonhar que está oxigenando os cabelos: desejo fútil (0086).

P

Pá – Sonhar que trabalha com pá: prosperidade (1771).

Padaria – Sonhar que é proprietário de padaria: trabalho proveitoso (4196). Entrar em padaria: dinheiro (4563).

Padeiro – Sonhar que faz pães: lar benfazejo (8785).

Padre – Ver um padre: mau agouro (1663). Ver padre no confessionário: alívio de penas (1887).

Padrinho – Sonhar que está batizando uma criança: satisfação (8990).

Pai – Ver o pai em sonho: aviso oportuno (7712). Sonhar que é pai: vontade conseguida (7609).

Palácio – Sonhar com um palácio: cautela contra inimigos (4905). Entrar em um palácio: ação de justiça (4552). Sonhar com palácio fechado: impedimento (4311). Com palácio iluminado: ruína devido a mexericos (4336).

Palco – Sonhar com um palco: trabalho improdutivo (2443). Sonhar com palco com o pano fechado: cautela súbita (2107). Representar em palco: sucesso (2311). Ver alguém representando em palco: notícia de viageiro (2765).

Palha – Monte de palha: empresa em progresso (5334). Palha queimada: sorte no jogo (5090).

Palhaço – Sonhar que é um palhaço: timidez excessiva (4552). Ver um palhaço: pessoa infiel no casamento (4776).

Pálio – Sonhar que está sob um pálio: luxo (8605). Ver pálio em procissão: restabelecimento (8111).

Palito – Sonhar que está palitando os dentes: amargura (8770). Sonhar com palitos na caixa: falta de êxito (8182).

Palmeira – Sonhar com palmeira: sucesso (7617). Sonhar que está à sombra de uma palmeira: nascimentos (7178). Derrubar uma palmeira: derrota de inimigos (7654). Sonhar com muitas palmeiras: casamento (7095).

Palmito – Sonhar que está assobiando um palmito: reunião de amizades (8761). Sonhar com palmito em lata: bem-estar (8443).

Pano – Sonhar com pano de algodão: traição (2540). Pano de seda: bons pressentimentos (2779). Pano de linho: timidez (2347). Pano de lã: aconchego (2164). Pano de cor clara: mágoa (2172). Pano escuro: luto (2921). Cortar pano: intrigas (2444). Medir pano: situação perigosa (2339).

Pão – Sonhar com pão branco: felicidade passageira (8790). Pão quente: oportunidades serão aproveitadas (8765). Sonhar que está cortando pão: tristeza por morte (8550). Sonhar que está comendo pão: renascimento de amor (8192). Pão torrado: doença trazendo muitas despesas (8016). Pão de centeio: negócios bons (8063). Pão de cevada: saúde (8621).

Papa – Sonhar com o papa: desvelos (1770). Sonhar que é o papa: desilusão (1887). Sonhar que está conversando com o papa: sanidade mental (1984).

Papagaio – Sonhar com um papagaio preso: lar infeliz (8443). Papagaio falando: intrigas (8053). Sonhar com papagaio morto: moléstia (8762). Papagaio voando: mudança, viagem (8785).

Papel – Sonhar com papel escrito: proposta desonesta (4570). Papel impresso: mulher grávida (4692). Papel rasgado: separação (4444). Papel em branco: regresso de pessoa ausente (4105).

Paralítico – Sonhar que é paralítico: dificuldades financeiras (1873). Sonhar que restabelece de paralisia: inimigos obstinados (1239). Ver um paralítico: discórdias (1778).

Paraquedas – Sonhar que se joga de um avião sem paraquedas: inimizade com pessoa querida (2678). Sonhar com paraquedas enrolado: mudança de namorado (2310).

Parentes – Receber visita de parentes: viagem (2668). Sonhar que está recebendo carta de parente: nascimento (2139). Ver parentes: prejuízos (2224). Briga entre parentes: desunião (2561).

Partida – Sonhar que está de partida: sorte no jogo (5559). Ver alguém partir: tristezas (5793).

Parto – Sonhar que vai ter criança: casamento (8550). Se é casada: melhoria de dinheiro (8715). Assistir alguém em trabalho de parto: riqueza (8616).

Parteira – Sonhar que é parteira: aflições financeiras (1109).

Pássaros – Sonhar que está caçando pássaros: núpcias (3321). Sonhar que está atirando em pássaro: zelo pelo que possui (3770). Sonhar que está matando um pássaro: moléstia (3509). Sonhar com pássaros presos: dificuldades nas aspirações (3526). Sonhar com pássaros cantando: amor venturoso (3105).

Passeio – Sonhar que está passeando com mulher: separação (6764). Sonhar que está passeando só: nostalgia (6002). Passear a cavalo: prestígio (6167). Passear de carro: dinheiro (6701). Passear com amigo: regozijo (6175).

Pastel – Sonhar que está comendo pastel: relações amorosas falsas (2459). Sonhar que faz pastéis: embaraço intestinal (2106). Oferecer pastéis a uma pessoa: egoísmo no amor (2183). Comprar pastéis: dinheiro perdido (2927).

Pastilhas – Sonhar que está chupando pastilhas: relações amorosas intensas (9895).

Patins – Sonhar com patins: mudança de negócio (8761). Sonhar que está patinando: mágoa (8452). Ver pessoa patinando: instabilidade emocional (8115).

Pato – Sonhar que está comendo pato assado: pensamentos libidinosos (6430). Patos nadando: êxito (6163). Sonhar com muitos patos: riscos (6191).

Patrulha – Sonhar que patrulha e prende: bem-estar (7650). Ver uma patrulha: ganho fácil (7174). Tomar parte em patrulha: discórdia (7013).

Pavão – Sonhar com pavão: casamento (9005).

Pedra – Sonhar com uma pedra no sapato: empresa árdua (8092). Sonhar que está carregando pedras: trabalho inútil (8886). Sonhar que está atirando pedras: sofrimento passageiro (8775). Sonhar com monte de pedras: falecimento de inimigo (8752).

Pés – Sonhar com pés limpos: sorte no jogo (1664). Pés sujos: abatimento (1962). Sonhar que tem vários pés: futuro risonho (1640).

Pedras preciosas – Sonhar com pedras preciosas: desacordos familiares (4427). Sonhar com esmeralda: inteligência (4570). Diamante: riqueza (4439). Topázio: sucesso (4192). Safira: sorte (4408). Berilo: ventura (4320). Ametista: prudência (4016). Água-marinha: afeto (4871).

Pedreiro – Sonhar que é pedreiro: elevação social (4559).

Peito – Sonhar com peito de animal: fraqueza (9005). Com peito estreito: moléstia (9871). Com peito largo: bem-estar (9774). Com peito cabeludo: negócio próspero (9456). Com peito de mulher: viuvez (9660).

Peixes – Sonhar com peixes: maus negócios (1884). Sonhar que está pescando com anzol: sorte no jogo (1296). Sonhar com peixes podres: moléstia (1558). Comer peixe: saúde (1660). Sonhar que está com peixes nas mãos: casamento (1235). Sonhar com peixes grandes: fartura (1703). Sonhar com espinha de peixe na garganta: obstinação (1908).

Pele – Sonhar com pele de animal: ganhos fáceis (6562). Sonhar com casaco de peles: preocupações (6180). Sonhar com pele alva: paz (6774). Pele negra: frustrações (6171). Curtir peles: abatimento físico (6092). Sonhar que vende peles: pressentimentos bons (6448).

Pelos – Sonhar com pelos de animais: alegrias, doenças (5441). Corpo peludo: parto (5660). Pelos caindo: pobreza (5158).

Penas – Sonhar com penas brancas de aves: vigor, força (1893). Penas pretas: luto (1669).

Pena de escrever – Sonhar com pena de escrever: temores (9995).

Pente – Sonhar que está comprando um pente: viagem breve (8783). Perder um pente: regresso de alguém (8671). Achar um pente: resultado conseguido (8884). Quebrar um pente: decepção (8650).

Penteado – Sonhar que está se penteando: bom augúrio (8153). Sonhar que está penteando alguém: enredos contra si (8994). Penteado de mulher: alegrias (8138).

Peras – Sonhar que está comendo peras: falecimento na família (1567). Colher peras: prosperidade (1452). Peras verdes: desgosto (1348). Peras maduras: conquistas amorosas (1605).

Perdão – Sonhar que está pedindo perdão a alguém: pessoa o acossa (1223). Perdoar alguém: felicidade (1604).

Perdiz – Sonhar que está comendo perdiz: casamento de bom dote (9808). Sonhar que está atirando em perdizes: perspectiva útil (9909). Matar perdizes: persistência (9543).

Perfume – Sonhar que está se perfumando: pessoa indagadora (9876). Sentir perfume de alguém: teimosia (9784). Perfume desagradável: desilusão (9107). Perfume agradável: opiniões enganosas (9555).

Pergaminho – Sonhar que está lendo um pergaminho: futuro dificultoso (0070).

Periquito – Sonhar com periquito voando: coisas efêmeras (8662). Periquitos cantando: aversão a alguém (8778).

Pernas – Sonhar com pernas benfeitas: amores agradáveis (6444). Sonhar com pernas de homem: desprezo (6551). Com pernas tortas: perigo (6197). Com pernas nuas: crescimento da família (6779). Com pernas compridas: herança (6105). Com pernas curtas: logro (6013). Com pernas quebradas: doença (6776). Ter muitas pernas: sucesso (6152).

Pérolas – Sonhar com pérolas: proveito (1884). Sonhar com pérolas em colar: núpcias (1111). Vender pérolas: prazeres (1258). Sonhar que pesca pérolas: riqueza (1126).

Perseguir – Sonhar que está perseguindo alguém: injustiças (1660). Sonhar que alguém o persegue: trabalho inútil (1555).

Peru – Sonhar que está comendo peru: regozijo (8779). Sonhar que está matando peru: acidente (8337). Sonhar com muitos perus: bons conselhos (8093).

Pescar – Sonhar que está pescando com rede: chefia de negócios (8778). Ver alguém pescando: proximidade de fartura (8796). Pescar em águas tranquilas: sucesso (8721). Pescar em águas turbulentas: cansaço (8064).

Pescoço – Sonhar com pescoço grosso: prosperidade (2442). Com pescoço fino: pobreza (2565). Com pescoço inchado: mágoas (2090).

Pêssegos – Sonhar que está colhendo pêssegos: lucros (2340). Vender pêssegos: trabalho difícil (2777). Pêssegos maduros: prestação de favores (2455). Pêssegos verdes: aversão (2809).

Piano – Ouvir tocarem um piano: união (7673). Tocar piano: quebra de boas relações (7896). Aprender a tocar piano: amores novos (7618).

Pimenta – Sonhar que está comendo pimenta: inimizades (2441). Sonhar com pimenteira carregada: doença grave (2134).

Pintor – Sonhar que é um pintor: vida árdua (6770). Ver pessoa pintada: más surpresas (6182).

Pintura – Ver quadro pintado: confiança no futuro (8997). Sonhar com parede pintada: ensejo mal orientado (8715).

Piolho – Sonhar que tem a cabeça cheia de piolhos: riqueza (9803). Ver pessoa coçando-se por causa de piolhos: nascimento de filho (9009). Sonhar que está catando piolhos: inquietação (9886).

Pirâmide – Sonhar que está vendo pirâmide: sucesso (8801). Sonhar com pirâmide alta: inveja (8448). Estar no alto de pirâmide: êxito ilimitado (8994). Cair de uma pirâmide: fracasso (8620).

Piscina – Sonhar que está tomando banho em piscina: desejos satisfeitos (8737). Sonhar com piscina vazia: desilusão (8432).

Pistola – Sonhar que está apontando uma pistola para alguém: fim almejado conseguido (4435). Sonhar que lhe apontam uma pistola: deslealdade (4298). Ouvir tiro de pistola: cautela com intrigas (4416).

Planície – Sonhar com uma planície: calma, tranquilidade (4883).

Planta – Sonhar com uma planta: bom agouro (5679). Com planta murcha: perda (5781). Com plantas de jardim: férias (5684). Com plantas floridas: alegria (5487). Sonhar que está arrancando plantas: queda de posição (5320). Cortar uma planta: vigor (5988). Podar uma planta: economia (5282). Com plantas em vasos de barro: dificuldades (5815).

Platina – Sonhar com joia de platina: exploração de pessoa interesseira (7238).

Poço – Sonhar com poço: perigo (4326). Cair em poço: casamento (4653). Sonhar que está tirando água de poço: más notícias (4521). Sonhar com poço vazio: pouca sorte (4679). Poço cheio d'água: dano que alguém lhe fará (4817). Poço sujo: doença (4270). Poço com águas claras: felicidade (4184).

Poeira – Sonhar que está no meio de poeira: complicações (8282).

Polícia – Sonhar que a polícia o procura: desordens (9215). Entrar em quartel de polícia: discórdias em família (9098). Sonhar que vê um policial: resolução tardia (9543). Sonhar que é da polícia: malquerença (9831).

Poltrona – Sonhar com poltrona: boa situação (2326). Sonhar com poltrona vazia: desejo a ser satisfeito (2780). Sonhar com muitas poltronas: despesas intensas (2853).

Pólvora – Sonhar que está fabricando pólvora: perigo (4569). Sonhar com explosão de pólvora: surpresa (4867).

Pomar – Sonhar com pomar: melhora de situação (5825).

Pombo – Sonhar com pombos arrulhando: enlace próximo (8172). Sonhar que está pegando pombo: noivado (8588). Sonhar com pombo se soltando: desunião (8490). Sonhar com pombal: lar feliz (9316). Com pombo comendo: nascimento (8514).

Ponte – Sonhar com uma ponte: vida difícil e trabalhosa (3561). Cair de uma ponte: perda (2563). Saltar de uma ponte: caráter fraco (3949). Construir uma ponte: pleno sucesso (3485).

Porco – Ver porcos: briga de família (4444). Matar um porco: fartura (4980). Ver porcos no chiqueiro: saúde (4457).

Porta – Sonhar com porta fechada: impedimento (1223). Porta aberta: êxito (1381). Porta arrombada: roubo (1489). Porta de ferro: segurança (1506). Passar por uma porta: dádivas para receber (1739). Abrir uma porta: suspeitas (1655). Tentar abrir uma porta: negócios medíocres (1980).

Portão – Sonhar com portão de ferro: posição estável nos trabalhos (5678). Portão de madeira: calma (5861). Abrir um portão: insucesso (5974). Passar por um portão: doença provável (5387).

Porteiro – Sonhar que é porteiro: vida pobre (7372).

Porto – Sonhar com um porto: viagem (6875). Entrar em um porto: triunfo em empresa (6910). Não poder entrar em um porto: ruína (6523). Com porto sem navios: falência (6268). Com porto cheio de navios: herança (6896).

Prado – Sonhar com pradaria: bem-estar e vida longa (8331).

Praia – Sonhar com uma praia: ventura (1294). Com praia cheia de gente: relações sociais (1437). Com praia de areia suja: doença (1569). Com praia com pedras: inconstância nos amores (1822). Com praia deserta: calma (1976). Com praia cheia de gente divertindo-se: festividades (1100).

Prata – Sonhar que está vendendo prata: provocações (5365). Sonhar com objetos de prata: velhice feliz (5871).

Prato – Sonhar com prato limpo: reputação boa (8694). Prato sujo: miséria (8518). Sonhar com muitos pratos: dinheiro (8473). Sonhar com pratos quebrados: casamento (8679). Sonhar que está lavando pratos: perda de ocupação (8582).

Precipício – Sonhar com precipício: queda, desonra (3560). Ver alguém caindo no precipício: morte de inimigo (3788). Cair no precipício: situação superada (3585).

Prego – Sonhar que está pregando: doença (4557). Arrancar pregos: êxito (4681). Ver alguém pregar: má sorte (4366).

Prêmio – Sonhar que está recebendo um prêmio: fraqueza (9999).

Presente – Receber um presente: amigos insinceros (3232). Dar presentes: revolta (3758).

Presunto – Sonhar que está comendo presunto: realização de trabalho (5450). Ver um presunto: bom proveito, saúde (5723). Vender ou comprar presunto: risco inútil (5878).

Príncipe – Sonhar que é um príncipe: desemprego (7351). Falar a um príncipe: realização sem proveito (7435).

Primo – Sonhar com primos: doença (3333).

Prisão – Ver uma prisão: medo de enfrentar situação (5450). Sair de uma prisão: vitórias sobre inimigos (5982). Entrar em uma prisão: doença (5687). Prender alguém: sucesso judicial (5179).

Problema – Resolver um problema: causa vencida (4354). Problema insolúvel: transação bem encaminhada (4766).

Processo – Sonhar que processa alguém: sinceridade (6565). Sonhar que está sendo processado: retorno triunfal (2121).

Procissão – Sonhar com uma procissão: calma (3142). Sonhar que está tomando parte em procissão: sorte no jogo (3278).

Profanação – Sonhar que está maculando coisa sagrada: miséria (6260).

Propaganda – Sonhar que está fazendo propaganda comercial: ambição (3487). Fazer propaganda política: sucesso na sua carreira (3294).

Prostituta – Sonhar que está vendo uma prostituta: desejo sexual de relativa intensidade (4579). Mulher que sonha ser prostituta: mudança para melhor (4783).

Pulgas – Sonhar que pulgas lhe mordem: impertinência de mulher (1525). Sonhar estar matando pulgas: fidelidade amorosa (1676). Estar cheio de pulgas: doença de pele (1852).

Púlpito – Sonhar que está em um púlpito: fé religiosa (9870). Sonhar que está vendo sacerdote no púlpito: perseguição (9104).

Punho – Sonhar que vê punhos: herança, prosperidade (1318).

Punhal – Ver um punhal: acordo prazenteiro (6215). Andar armado com punhal: perigo (6771). Segurar um punhal: incerteza (6894). Apunhalar alguém: esforço aproveitável (6327).

Pus – Sonhar com pus: aventura galante (4553).

Q

Quadris – Sonhar com os quadris de alguém do outro sexo: desejos sexuais (4569).

Quadros – Sonhar com exposição de quadros: nascimento de gêmeos (7777). Sonhar que está vendendo quadros: desemprego (7865). Comprar quadros: amor feliz (7598).

Quarto – Sonhar com o próprio quarto: vontade inabalável (1347). Ver quarto de outra pessoa: orgulho (1803). Sonhar com um quarto escuro: perigo (1176). Ver quarto desarrumado: ódio (1545).

Quebrar – Sonhar que está quebrando objetos: rixas com vizinhos (7522).

Queda – Sonhar que alguém lhe derruba: prejuízos financeiros (5614).

Queijo – Sonhar com queijo: vida corrupta (2378). Sonhar que está comendo queijo: boa sorte em jogos esportivos (2169). Fabricar queijos: ventura inesperada (2856). Cortar queijo: angústia (2900).

Queimaduras – Sonhar que tem queimaduras no corpo: família em desacordo (1352).

Quermesse – Sonhar com quermesse: alegria passageira (3457).

Querosene – Sonhar com querosene: trabalho difícil (4678). Sonhar que está bebendo querosene: mania de suicídio (4739).

Questão – Sonhar com questões: discórdias, desentendimentos (0223).

Quiabo – Sonhar com quiabo: boas utilidades (3885). Vender ou comprar quiabos: lucros irrisórios (3756). Comer quiabos: saúde precária (3999).

Quintal – Sonhar com quintal sujo: indigência (5187). Com quintal limpo: fartura (5492). Com quintal com aves: prosperidade (5131).

Quitanda – Sonhar com quitanda com muitas verduras: boas atitudes (3875). Ser proprietário de quitanda: avareza (5151). Entrar em uma quitanda: fraqueza alimentar (5953). Sair de uma quitanda: futuro agradável (5142).

Quiosque – Sonhar com um quiosque: festa agradável (3733).

R

Rã – Sonhar com uma rã: imprevisto (4553). Comer uma rã: teimosia (4912). Ouvir barulho de rãs: cuidado com desastre (4879).

Rádio – Sonhar com um aparelho de rádio: conceito social (2325). Comprar um rádio: viagem (2543). Consertar um rádio: impetuosidade (2521).

Rainha – Sonhar que é rainha: surpresa com amores (5687). Falar a uma rainha: prestígio (5198).

Raio – Sonhar com um raio nas nuvens: querelas (0023). Raio caindo em sua casa: morte de parente (0321). Ouvir o estampido de raio: mau agouro (0918).

Raiz – Sonhar com raiz de árvore: mexericos (1232). Sonhar que está comendo raízes de legumes: provocações de pessoas inimigas (1576).

Ramalhete – Sonhar com um ramalhete de flores: sinceridade amorosa (3487). Receber um ramalhete: amizade (3683). Ramalhete murcho: moléstia em casa (3165). Comprar um ramalhete: dificuldade invencível (3574).

Rancho – Sonhar com rancho: satisfação (5673). Sonhar que está morando em um rancho: ventura (5821). Sonhar que está construindo um rancho: cautela (5952). Sonhar com rancho destruído: desejos mal encaminhados (5436).

Raposa – Sonhar com uma raposa: mal-estar súbito (1932). Sonhar que está lutando com uma raposa: inimigo disfarçado (1999). Raposa manietada: amores insatisfeitos e abusivos por parte de alguém (1453). Sonhar com raposa que passa: descontentamento (1675). Raposa uivando: pessoas violentas e odientas (1052).

Rapto – Sonhar que rapta alguém do outro sexo: casamento (2387).

Rato – Sonhar com rato: vingança de mulher (5483). Sonhar com um rato correndo: deslealdade de amigo (5687). Sonhar que come um rato: derrota de pessoa forte (5963). Sonhar com muitos ratos: esconderijo de pessoas vingativas (5412). Rato perseguido por gato: sucesso nos empreendimentos (5974).

Ratoeira – Sonhar com ratoeira armada: dinheiro (6785). Sonhar com ratoeira, na qual está preso um rato: união conjugal (6231). Ratoeira vazia: imputação falsa (6777).

Realejo – Sonhar que está tocando realejo: pendores musicais (3685). Sonhar que está ouvindo alguém tocar realejo: paz (3974).

Recibo – Sonhar que está assinando recibo: dinheiro perdido e que será recuperado (2285). Sonhar que está recebendo um recibo: reatamento de amizade (2498).

Rede – Sonhar que está dormindo em uma rede: incapacidade para o trabalho (5555). Preso a uma rede: inimigo que procura lhe dominar (5674). Outra pessoa deitada em rede: satisfação passageira (5652). Sonhar que está armando uma rede: discussões com parente (5987). Desarmar uma rede: boas aplicações de dinheiro (5724).

Refeição – Sonhar que faz refeição a sós: avareza (1297). Refeição com companhia de muitas pessoas: dissipação de dinheiro (1776). Sonhar que faz uma refeição rápida: problemas que exigem solução imediata (1342).

Regar – Sonhar que está regando plantas: dinheiro perdido (5421). Regando jardim: ventura (5687).

Regatas – Sonhar que está tomando parte em regatas: falência (6735). Vender uma regata: lucro antecipado (7342).

Regato – Sonhar com regato de águas límpidas: viagem (8437). Com regato sujo, escuro: antipatia asquerosa contra alguém (8745).

Rei – Sonhar que é rei: sorte no jogo (6554). Sonhar que está conversando com um rei: conspiração, revolução (6472). Sonhar com rei de carta de baralho: perdão a alguém (6587). Rei com a corte: emboscada (6301).

Relâmpago – Sonhar com relâmpagos: situação imprevista e difícil (3674). Relâmpagos contínuos e intensos: guerra (5689).

Relógio – Sonhar com relógio parado: má sorte (4658). Relógio em funcionamento: bons angúrios (4385). Relógio dando as horas: dote vantajoso e casamento (4512). Ganhar um relógio de presente: emprego melhorado (4678). Relógio de parede: vida tranquila (0283). Perder o relógio: trabalho inútil (4875).

Remar – Sonhar que rema contra a maré: maus negócios (6780). Sonhar com outra pessoa que rema: competição (6897). Remar a favor da maré: maus negócios (6902).

Remédio – Sonhar que está tomando remédio: incerteza (3441). Dar remédio a outra pessoa: melhora de finanças (3558). Sonhar que vende remédios: moléstia grave (3674).

Remendo – Sonhar que está pondo remendo em roupa: determinação vantajosa (5673). Ver-se com a roupa cheia de remendos: desastre e perdas (5995).

Repolho – Sonhar com pés de repolhos: recompensas mal pagas (2341). Comer repolhos: mal-estar (2553). Plantar repolhos: bom êxito (2765).

Repouso – Sonhar que repousa: intrigas (5084).

Ressurreição – Sonhar que ressuscita: benefícios inalcançáveis (7786).

Réptil – Sonhar com réptil: traição (8775).

Retrato – Sonhar com o próprio retrato: vaidade de pessoa que lhe quer (2222). Presentear alguém com retrato: engano, infidelidade (2579). Rasgar retratos: desunião amorosa (2687).

Reunião – Sonhar com reunião: doença provocada por micróbios (0012).

Revolta – Sonhar com revolta: fracasso, falência (0245).

Rico – Sonhar que é rico: pobreza (1160). Conversar com pessoas ricas: benefícios a receber (1788). Pedir auxílio a rico: fracasso (1742).

Rio – Sonhar que vê rio muito grande: futuro cheio de perigo (2443). Sonhar com rio claro: sucesso, prestígio (2576). Rio escuro ou turvo: dificuldades para vencer na vida (2690). Sonhar que está nadando em um rio: riqueza (2781). Sonhar com um rio estreito: infidelidade conjugal (2792). Sonhar que está atravessando um rio a nado: esforço com recompensa posterior (2800).

Riso – Sonhar que ri: contrariedade (3876). Sonhar com risos contra a sua pessoa: tristezas próximas (3453).

Rival – Sonhar que tem rival nos amores: negócios felizes (5461). Sonhar que está brigando com rival: reatamento de amizade (5962).

Rochedo – Sonhar que está subindo em rochedo: prestígio na sociedade (6785). Sonhar que está descendo um rochedo: perda na família (6987). Sonhar que tem dificuldade em escalar um rochedo: êxito sem recompensa (6900).

Roda – Sonhar com uma roda em movimento: perigo (4555). Sonhar com roda parada: dificuldades financeiras (4887). Sonhar com roda quebrada: perda de bens (4674).

Roleta – Sonhar que está jogando em roleta: prejuízo em questão da justiça (1255). Sonhar que perde na roleta: sorte no jogo (1856).

Rola – Sonhar com uma rola: felicidade no lar (2568).

Romã – Sonhar que está comendo romãs: herança breve (3462). Sonhar com romãs verdes: imprevistos (3051).

Romance – Sonhar que está lendo romance: mentalidade vaga (7758). Sonhar com alguém ledo: má sorte (7453). Sonhar que está escrevendo um romance: trabalho árduo (7164).

Rosa – Sonhar com rosas vermelhas: férias, alegrias (5169). Sonhar que está colhendo rosas: satisfação (5867). Sonhar que está recebendo rosas: correção de atitudes (5870). Sonhar que está desfolhando rosas: gravidez (5899). Botão rosa: aborto (5901).

Rosário – Sonhar que está usando rosário: desgraça (1032). Receber rosário de presente: segredo revelado (1148).

Roseira – Sonhar com roseira florida: amor duradouro (2557). Sonhar que está arrancando rosas da roseira: desgraça na família (2674). Sonhar que está plantando uma roseira: negócio futuroso (2706).

Rosto – Sonhar com um rosto corado: amigos prestimosos (4687). Com rosto magro: desgosto (4789). Com rosto gordo: riqueza (4965). Ver o próprio rosto: dificuldades (4678). Rosto sujo: rixas (4061). Rosto limpo: remorsos do mal causado (4300). Rosto sorridente: namoro agradável (4782).

Roubar – Sonhar que está roubando dinheiro: perigo (2145). Sonhar que está sendo roubado: precaução (1753).

Roupa – Sonhar com roupa branca: trabalho difícil (8754). Com roupa bem cortada: conceito maculado (8602). Com roupa limpa: bem-estar (8924). Com roupa nova: ocupação fácil (8362). Roupa com remendo: desculpas sem proveito (8468). Roupas rasgadas: futuro triste (8575).

Rua – Rua larga: boa educação (3444). Rua deserta: consternação (3871). Rua escura: maus pensamentos (3552). Rua cheia de movimento: proteção vantajosa (3685).

Ruínas – Sonhar que está entre ruínas: triunfo (2574). Muitas ruínas: fortuna e sucesso (2387).

Rumor – Sonhar que está ouvindo rumores: ciúmes (3685).

S

Sabão – Sonhar com sabão: amigos que o protegem (1278). Sonhar que está se lavando com sabão: discórdias familiares (1785). Vendendo sabão: má sorte (1833). Ensaboando roupa: amigos obscuros e maus (1400).

Sabiá – Sonhar com um sabiá cantando: muito amor (6185). Sabiá sendo preso: casamento (6832). Sabiá morto: empresa honesta (6724).

Sábio – Sonhar que está conversando com sábio: covardia (4678).

Sacada – Sonhar com sacada: surpresas felizes (3563). Sonhar que se acha em uma sacada: lar infeliz (3785). Cair de uma sacada: prejuízo para alguém (3987). Falar da rua com alguém em uma sacada: traição de pessoa (3074).

Saca-rolhas – Sonhar com saca-rolhas: herança inesperada e grande (4551).

Saco – Sonhar com saco cheio: trabalho melhorado (9833). Com saco vazio: desagrado (9095). Abrir um saco: sucesso vagaroso, porém certo (9457). Com saco furado: prejuízo (9566). Sonhar que se deita sobre sacos vazios: miséria (9674).

Sacerdote – Sonhar que vê sacerdote: riscos (6785). Confessar-se a sacerdote: calma (6943).

Sacristão: casamento próximo (4788).

Saia – Sonhar com saia preta: abatimento, cansaço (1232). Com saia branca: dias alegres (1348). Com saia de algodão: lar calmo (4150). Com saia de seda: surpresa (1967). Sonhar que mulher tira a saia: desejo libidinoso (1506). Sonhar que rasga uma saia: futuro desagradável (1765). Sonhar com saia comprida: união (1873). Com saia curta: mulher de maus princípios (1721).

Sal – Sonhar que está comendo sal: inteligência incomum (5674). Derramando sal: raciocínio falho (5873). Queimar sal: pessoas incômodas (5982).

Salmão – Sonhar com salmão: separação (7485).

Saleiro – Sonhar com saleiro: indecisão (4551).

Salsa – Sonhar com salsa: futilidades (6782).

Salsicha – Sonhar que está comendo salsichas: infidelidade conjugal (7685).

Saltar – Sonhar que está saltando pra cima: vaidade (1487). Salto para baixo: miséria (1574). Saltar obstáculos: esforço útil (1761). Soltar e voltar ao chão: falência próxima (1980).

Saltimbanco – Sonhar ser um saltimbanco: trabalho inútil (2001). Ver um saltimbanco em circo: orgulho (2309).

Sangue – Sonhar que está perdendo sangue: doença (1322). Ver outro perdendo sangue: reputação limpa (1567). Pôr sangue pela boca: luto (1670). Com mãos tingidas de sangue: inimigos difíceis de derrotar (1985). Sonhar com manchas de sangue: sucesso (1782). Com sangue em grande quantidade: riqueza (1887).

Sanguessuga – Sonhar com sanguessugas: avareza (2489).

Santo – Sonhar com santo: bem-estar (5674). Ajoelhar-se diante de santos: vida tranquila (6825).

Sapateiro – Sonhar que é sapateiro: vida pobre (4786).

Sapatos – Sonhar que está perdendo os sapatos: penúria (9458). Sonhar que está comprando sapatos: perda (9674).

Sonhar com um par de sapatos estragados: satisfação realizada (9073).

Sapo – Sonhar com um sapo: disputa intensa (4587). Sonhar com um sapo coaxando: separação (4898). Sonhar com um sapo morto: perturbação mental (4051).

Sardinha – Sonhar com sardinhas em lata: questões domésticas que trazem mais união (3892). Pescar sardinhas: lucros (3674). Comer sardinhas: doença do estômago (3598).

Saúde – Sonhar que está com muita saúde: doença provável (1409).

Sargento – Sonhar que é um sargento: pessoa escrava do dinheiro (2453).

Sarna – Sonhar que tem sarna: amor fugaz (4562).

Seda – Sonhar com seda: riqueza (3674). Sonhar que está vestindo roupas de seda: situação instável (3818). Sonhar com bichos-da-seda, fabricando seda: trabalho intenso (3692). Sonhar que está vendendo seda: ambições que requerem cuidado (3847).

Sede – Sonhar que sente muita sede: tristeza (1096). Sonhar que está saciando a sede: contentamento, dinheiro (0312). Sonhar que bebe, porém, não mata a sede: doenças (0897). Dar de beber a alguém que tem sede: resultado compensador (0543).

Seios – Sonhar com seios de mulher: casamento provável (1311). Sonhar que tem seios benfeitos: saúde (1455). Seios caídos: luto (1576). Dores nos seios: cautela com danos (1673).

Selos – Sonhar que está comprando selos: riqueza (2568). Pregando selos em carta: estabilidade financeira (2874).

Semear – Sonhar que está semeando um terreno: herança ou dinheiro (5678)

Senado – Sonhar com um senado: política benquista (9574).

Seminário – Sonhar que está em um seminário: intimidade agradável (3456).

Sentinela – Sonhar com uma sentinela militar: concepção (6514). Sonhar que está atacando uma sentinela: segurança (6832).

Sepultura – Sonhar com uma sepultura: dificuldades (4450). Abrir uma sepultura, cavando-a: prejuízo (4687). Sonhar que está sendo sepultado vivo: esposa que o engana (4899). Sonhar que está sepultando pessoa: grave distúrbio funcional (4321).

Serão – Sonhar que está fazendo um serão: noivado (2222).

Sereia – Sonhar com uma sereia: prêmios (3447). Sonhar com o canto da sereia: amores que trarão decepção (3683).

Serenata – Sonhar que está fazendo uma serenata: surpresa amorosa (1450). Ouvir fazerem uma serenata: amor fiel (1678).

Sermão – Ouvir um sermão: núpcias felizes (2516).

Serpente – Sonhar com serpente: traição (0590). Sonhar que uma serpente o morde: questão judicial (0675). Serpente de emboscada: ódios (0953). Matar uma serpente: vitória sobre indivíduos gananciosos (0821). Serpente de muitas cabeças: amor sexual forte (0576).

Serpentina – Sonhar com serpentina em festa: atividade superada (2784). Pessoas atirando serpentinas: vida folgada (2156). Apanhar serpentinas: emprego perdido (2687).

Serrote – Sonhar com serrote: acidente (3678). Sonhar serrando madeira: calma (3922). Serrar árvores grossas: jogo azarento (3596). Ferir-se com um serrote: sucesso no trabalho (3912).

Sino – Sonhar que está vendo sinos de igreja: caráter sem integridade (9085). Sino pequeno de navio: surpresas (9800). Com sino sem badalo: calma, silêncio (9876). Sonhar que está ouvindo muitos sinos: fraqueza de caráter (9652).

Sonho – Sonhar que sonha: tristeza (8323).

Sobrancelhas – Sonhar que tem sobrancelhas raspadas: traição e desonra, infidelidade (1342). Sonhar que tem sobrancelhas muito cabeludas: sucesso no amor (1908). Sobrancelhas negras: transposição de obstáculos (1875).

Sobrinho – Sonhar com os sobrinhos: aparição inesperada (2448).

Sócio – Sonhar que tem um sócio: dificuldades (7890). Sonhar separando-se do sócio: progresso financeiro (7231).

Sogro – Sonhar que está conversando com o sogro: estima entre amigos (5666). Brigar com o sogro: relações rompidas (5788).

Sol – Sonhar com o sol: convalescença (4555). Sonhar com pôr do sol: más notícias (4673). Sonhar com o nascer do sol: bem-estar (4781). Sonhar com o sol encoberto: más previsões (4813). Sonhar com o sol e chuva ao mesmo tempo: riqueza (4675). Sonhar com eclipse do sol: revolução ou guerra (4900). Sol vermelho: obstáculos (4132). Sol penetrando pela janela do quarto: prosperidade, prestígio (4036). Sol sobre a sua própria cabeça: perigo de perda de bens (4198). Sonhar com o sol da meia-noite: sorte no namoro e em outros amores (4555).

Soldado – Sonhar com soldado: cansaço (2156). Sonhar que é um soldado: intranquilidade (2674). Com soldados em exercícios: engano a respeito de pessoa (2431).

Sombra – Sonhar que está na sombra: vontade de fazer maldade (3670). Sair da sombra: bons sentimentos (3785).

Sonâmbulo – Sonhar que é um sonâmbulo: desordens, brigas (4687). Sonhar que vê um sonâmbulo: vida difícil (4784).

Sopa – Sonhar que toma sopa: recuperação física (5168). Preparar sopa: caráter são (5897).

Soprar – Sonhar que sopra coisa quente: má reputação (6785). Soprar fogo: mentiras dolosas (6832).

Submarino – Sonhar com submarino: paz (5721). Sonhar que está no interior de submarino: situação perigosa (5826). Submarino debaixo d'água: inimigo traidor (5933).

Sortilégio – Sonhar que lhe fazem sortilégio: decadência física e mental (4268).

Subterrâneo – Sonhar que está em um subterrâneo: perigo de morte (2335). Sair de um subterrâneo: liberdade, felicidade (2409).

Suicídio – Sonhar que alguém se suicida: má situação financeira (5174). Sonhar que se suicida: desgraças para quem sonha (5801).

Suor – Sonhar que está ensopado de suor: dificuldades à vista (7812). Suar sangue: riqueza (7458).

Surdo – Sonhar que está surdo: segredo que lhe será revelado (2045). Falar com surdo: possibilidade de doença dos ouvidos (2563).

Surdo-mudo – Sonhar que é surdo-mudo: desilusões (1414). Tentar entender-se com surdo-mudo: trabalho impraticável e sem solução (1589).

Susto – Sonhar que lhe pregam um susto: falsidades (3678). Sonhar que assusta alguém: inaptidão para grandes empresas (3574).

T

Tabelião – Sonhar com um tabelião: questões judiciais (1599). Ver um tabelião: acordo (1764).

Tamanco – Sonhar que está calçado com tamancos: aumento de bens (3531).

Tambor – Sonhar que está tocando tambor: despesa pequena (2563). Com tambores rufando: participação agradável (2918).

Tanque – Sonhar com tanque: tranquilidade (4052). Sonhar com tanque de petróleo: apertos monetários (4830).

Tapete – Sonhar com tapete: abundância, fartura (7071). Com tapetes de pequenas dimensões: falta de alguma coisa (7479). Com tapete enrolado: infelicidade no amor (7316).

Tartaruga – Sonhar com tartaruga em terra: logro (5550). Com tartaruga nadando: perfídia de amigos (5663). Sonhar que está comendo tartaruga: experiência dura (5784).

Tatu – Sonhar com tatu escondido: acidente de más consequências (6666). Comer carne de tatu: imputações desagradáveis (6059).

Táxi – Sonhar com táxi: utilidade inaproveitada (4559).

Teatro – Sonhar com um teatro: ganhos (2671). Com teatro vazio, fechado: descontentamento (2997).

Telefone – Sonhar que está telefonando: notícia boa (3774). Sonhar que o telefone o chama: alteração de caráter para melhor (3782). Com telefone sem funcionar: insistência de amigo (3449).

Telegrama – Sonhar que está recebendo telegrama: moléstia de parente (2774).

Telhado – Sonhar com telhado novo: lucros (3676). Telhado velho: comércio sem proveito (3882). Sonhar que anda sobre o telhado: discórdia com mulher (3890). Sonhar que está caindo do telhado: contrariedades (3568). Consertar um telhado: energias desperdiçadas (3294).

Tempestade – Sonhar com tempestade que se aproxima: sofrimento futuro (4570). Tempestade com muito vento e relâmpagos: bem-estar, contentamento (4693).

Tempo – Sonhar com tempo nublado: vida trabalhosa (1206). Sonhar com tempo limpo: prognóstico agradável (1203).

Tenda – Sonhar com tenda de campanha: amigo leal (0079). Tenda verde: desventura (0105). Tenda de cor branca: êxito (0259). Tenda aberta: amigo bom (0351). Tenda fechada: inimigos (0957).

Terremoto – Sonhar com terremoto: revolução, guerra (1762).

Terreno – Sonhar com terreno que dá boas colheitas: lucros compensadores (2257). Com terreno estéril: vida difícil (2671). Sonhar que está medindo terreno: morte de parente (2960). Vendendo terrenos: empecilhos difíceis de vencer (2708). Com terreno enlameado: sucessos (2836). Com terreno sujo: mal--querença (2641).

Tesoura – Sonhar que se corta com tesoura: desastre (1809). Sonhar com tesoura quebrada: êxito fácil (1952). Cortar algo com tesouro: provocações terminadas (1454). Tesoura que cai: desilusão (1347).

Testamento – Sonhar que ouve leitura de testamento: luto próximo (3563). Sonhar que está fazendo testamento: sorte em jogo de roleta (3670). Sonhar que está rasgando testamento: prisão (3691).

Testemunha – Sonhar que é testemunha: conversas com autoridades judiciais (1459). Sonhar que assiste a crime: infidelidade amorosa (1674).

Tigre – Sonhar com um tigre: falso amigo (3571). Combater um tigre: imputação falsa (3985). Vencer um tigre: sucesso (3418). Matar um tigre: prosperidade (3118).

Tina – Sonhar com uma tina com água: alegria (5671).

Tinta – Sonhar com tinta preta: luto (4678). Com tinta azul: viagem (4270). Com tinta vermelha: sangue (4728). Com tinta verde: bem-estar (4814). Com tinta amarela: falsidade (4185). Com tinta branca: paz, calma (4283). Com mãos sujas de tinta: desunião (4150).

Tio – Sonhar com um tio: perigo de incesto que precisa ser dominado (6175). Falar ao tio: discórdias (6180).

Tiro – Sonhar que está dando tiros: dinheiro (1279). Atirar em pessoa: má sorte (1875). Atirar em animal: fraquezas (1884).

Toalha – Sonhar com toalha: risco terminado (3561). Toalha muito suja: perfídia (3419). Toalha de rosto: calma (3785). Enxugar-se com toalha: repugnância por alguém (3550).

Torre – Sonhar com torre: surpresa (1428). Prisioneiro em uma torre: liberdade (1673). Subir em uma torre: amor súbito (1562). Torre caindo: desentendimento amoroso (1987).

Torta – Sonhar que está comendo torta: tranquilidade (3786).

Tosse – Sonhar que está tossindo sem parar: encontro indesejável (1345). Ouvir outra pessoa tossindo: insistência de pessoa (1540).

Touro – Sonhar com touro: pessoa feliz (2563). Sonhar que um touro o ataca: surpresas que necessitam de cautela (2308). Sonhar que toureia: trabalho (2785). Touro negro: casamento (2502).

Trabalho – Sonhar que trabalha: êxito nas empresas (3672).

Tragédia – Sonhar com uma grande tragédia, inundação, incêndio, bombardeio, peste: dias venturosos (4201).

Traição – Sonhar que lhe traem: namoro e noivado próximo (5674).

Travesseiro – Sonhar com travesseiro: inquietude (5786).

Trem – Sonhar com um trem passando: regozijo (7182). Sonhar que está viajando de trem: teimosia de mulher (7816).

Trevas – Sonhar com trevas: doença dos olhos (9804).

Tribo – Sonhar com tribo de índios: emprego (1773).

Tribunal – Sonhar com tribunal: demandas judiciais (3452).

Trigo – Sonhar com plantação de trigo: herança (8774). Sonhar com sacos de trigo: lucros (8463). Sonhar que está plantando trigo: boas colheitas (8195). Sonhar que está transportando trigo na cabeça: moléstia (8775).

Trilhos – Sonhar com trilhos: êxito difícil (6762). Com trilhos velhos: trabalho perdido (6541).

Trombeta – Sonhar com trombeta: surpresa (3430).

Trono – Sonhar com um trono: tristezas (9778). Sentar-se em um trono: inimizades (9321).

Trovão – Sonhar que está ouvindo trovão: surpresa impetuosa (5462).

Tubo – Sonhar com um tubo de ferro, comprido: felicidade inalcançável (4463).

Tumor – Sonhar que está cheio de tumores: doença grave (2198). Espremer tumores: restabelecimento (2555).

Túmulo – Sonhar com túmulo: empecilhos (8662). Cavar túmulo: desgostos (8779). Colocar flores em túmulo: luto (8559).

Túnica – Sonhar com túnica: atitudes corretas (8194). Sonhar com alguém de túnica: imprevistos desagradáveis (8888). Túnica rasgada: má sorte (8251).

Turbante – Sonhar que está usando um turbante: insucesso (9825). Ver uma pessoa com turbante: impossibilidade de reação (9442).

Turco – Sonhar com um turco: dúvidas (8321).

Turfe – Sonhar com prado de corridas: atribulações (7678).

Tutor – Sonhar que é tutor de criança: desejos libidinosos (1905).

Tzar – Sonhar com um tzar: desejos de êxito (1000).

U

Úlcera – Sonhar que tem úlcera no corpo: sofrimentos (8663).

Umbigo – Sonhar com seu próprio umbigo: separação (1884). Umbigo de mulher: enlace (1223).

Unha – Sonhar com as unhas benfeitas: alegrias (7190). Unhas sujas: inimigos traiçoeiros (7442). Sonhar que está roendo as unhas: dificuldades (7655). Cortando as unhas: discórdias (7533).

Uniforme – Sonhar que usa uniforme: bom agouro (8554). Ver pessoa usando uniforme: desemprego (8176). Ver muita gente com uniforme: robustez (8422).

Urina – Sonhar que urina na cama: perda em negócios (1220). Sonhar com vaso com urina: traição (1345). Sonhar que urina: doença nas vias urinárias (1667).

Urna – Sonhar com uma urna: casamento (8774).

Urtiga – Sonhar com pé de urtiga: comércio bem organizado (8573). Sonhar que lhe esfregam urtiga: maledicência de amigo (4596).

Urso – Sonhar com urso: inimigo obstinado (2574). Sonhar que um urso o ataca: prejuízos (2358). Urso em circo: união (2391). Urso preso: aflição (2555). Urso morto: convalescença (2101).

Urro – Sonhar que está dando urro: socorrer alguém (2240).

Usurário – Sonhar que é usurário: perigo de morte (4274).

Uvas – Sonhar com uvas em quantidade: herança (3132). Sonhar que está colhendo uvas: sorte (3030). Uvas maduras: satisfação (3176). Uvas verdes: prestígio (3598). Uvas secas: decepção (3882).

V

Vaca – Sonhar com vaca negra: desgraça (9101). Com vaca pintada ou branca: alegria (9010). Curral com vacas: satisfação (9887). Com vacas no pasto: dinheiro (9475). Tirar leite de uma vaca: prosperidade (9322). Montar em uma vaca: pagamento inesperado de uma quantia (9070). Sonhar com vaca parindo: previsão boa (9445). Com mugido de vaca: cautela (9872).

Vacina – Sonhar que lhe estão vacinando: restabelecimento de doença (1887). Sonhar que outra pessoa é vacinada: vida alterada (1254). Vacina animal: trabalho fácil (1442).

Vácuo – Sonhar que está sentindo-se no vácuo: confiança ilimitada em alguém (8784).

Vagabundo – Sonhar que é vagabundo: timidez excessiva (2561). Ver um vagabundo: vitória em trabalho (2779).

Vagão – Sonhar com vagões parados: surpresa alvissareira (8290). Com vagões vazios: penúria (8165). Com vagões cheios: boas ofertas (8552).

Vale – Sonhar com um vale verdejante: rendimentos úteis (2478).

Vale postal – Sonhar que está recebendo vale postal: perda de dinheiro (3032). Mandar um vale postal: dinheiro fácil (3566).

Valise – Sonhar que está carregando uma valise: repugnância (8665). Com valise cheia: quantia sem utilidade (8457). Com valise vazia: cuidado com conto do vigário (8321).

Vampiro – Sonhar com vampiro chupando o seu sangue: grave doença (8000).

Vapor – Sonhar com vapor: possibilidade de vida fácil (4564).

Vaqueiro – Sonhar que é um vaqueiro: vida calma e feliz (2663).

Varrer – Sonhar que está varrendo a casa: parto bem-sucedido (4905).

Vaso – Sonhar com vaso cheio d'água: dinheiro (1887). Com vaso vazio: discórdias na família (1231). Com vaso de metal: estabilidade social (1786). Com vaso quebrado: brigas com parentes (1598). Com vaso de ouro ou metal precioso: felicidade (1845). Com vaso de flores: presentes para receber (1793).

Vassoura – Sonhar com vassoura: falência (1887). Com vassoura escondida: surpresa (1435).

Veado – Sonhar com veados: dinheiro fácil (4328). Veados pastando: crueldade (4453). Veado morto: derrota de inimigos (4551). Caçar veados: desavenças (4213). Veado preso: herança (4000).

Veia – Sonhar com veias do corpo: robustez (2440). Veias salientes: gozos, prazeres (2665).

Veículo – Sonhar com um veículo qualquer: viagem (1452).

Vela – Sonhar com uma vela de cera: luto (4568). Sonhar com uma vela acesa: fracasso (4875). Com vela apagada: obstinação (4318). Sonhar que acende uma vela: casamento (4378). Acender vela para pessoa morta: sorte em jogo de azar (4210).

Vela de embarcação – Sonhar com um barco a vela: apreensões sem necessidade (6877). Com velas ao vento: bem-estar (6931). Com velas murchas: tristezas (6549).

Velhice – Sonhar que é um velho: vida longa (3333).

Velho – Sonhar que está vendo um velho: impossibilidade na realização de negócio (3854). Ver muitos velhos: luta inglória (3588). Falar a uma pessoa velha: desejos de confidências (3982).

Veludo – Sonhar com veludo: ganho (5451). Sonhar com pessoa vestida de veludo: pobreza (5903). Com veludo preto: união feliz (5816).

Vender – Sonhar que está vendendo quinquilharias: prejuízo (1270). Vendendo algo útil: riqueza (1495). Vendendo objetos em loja: mudança de emprego (1010).

Veneno – Sonhar que toma veneno: desgosto amoroso (8041). Sonhar que vê alguém tomando veneno: tranquilidade familiar (8502).

Ventania – Sonhar com ventania: imprevisões prejudiciais (0090). Vento com chuva: decepções (0603). Vento frio: perigo de doença (0814). Vento agradável: indecisão (0956).

Ventre – Sonhar que tem ventre grande: riqueza (4999). Ventre magro: moléstia (4875). Dores no ventre: abusos (4383). Sonhar com ventre de mulher: desejo sexual (4862).

Verme – Sonhar com verme: traição (6784). Com vermes mortos: sucesso (6666). Tomar remédio para vermes: doença (6582).

Vestido – Sonhar que está com um bonito vestido: prestígio, reputação ilibada (3574). Com vestido velho: preocupações (3697). Com vestido sujo, rasgado: desilusões (3941).

Vespas – Sonhar com vespas: intrigas (5555). Sonhar que é picado por vespas: destino incerto (5050). Com vespas zumbindo: malquerenças (5302).

Véu – Sonhar com um véu branco: noivado (7576). Sonhar com um véu de noiva: desenlace amoroso (7514). Sonhar com um véu negro: morte de parente (7403).

Viagem – Sonhar com viagem: dinheiro (8432). Sonhar que retorna de viagem: notícia de pessoa distante (8211). Sonhar que viaja a pé: caminho do sucesso cheio de espinhos (8458).

Vidro – Sonhar com pedaços de vidro: dificuldades intransponíveis (9509). Com vidro quebrado: dano (9423). Sonhar que está cortando vidro: doença sem gravidade (9041).

Vinagre – Sonhar que está bebendo vinagre: tristezas (1513). Vinagre derramado: pobreza (1495).

Vinhedo – Sonhar com um vinhedo: prosperidade (7452).

Vinho – Sonhar que está bebendo vinho: bem-estar (5059). Sonhar com vidro engarrafado: cansaço físico, abatimento (5452). Barris de vinho: fortuna (5911). Vinho derramado: desilusões (5844).

Vidraça – Sonhar com vidraça: fantasias inúteis (6609).

Violão – Sonhar que está tocando violão: consternação (4201). Ouvindo violão: visão desanuviada (4825). Violão quebrado: rancores de pessoa amada (4738). Encontrar um violão: noivado breve (4817).

Violino – Sonhar que está tocando violino: saudades venturosas (8812). Ouvindo violinos: paixão intensa (8888). Sonhar com um violino: apertos monetários (8345).

Virgem – Sonhar que está violentando virgem: desejo sexual desviado (2451). Passear com uma virgem: abandono (2300). Sonhar com Virgem Santa Maria: retidão mental e espiritual (2426). Sonhar com uma virgem nua: maus pensamentos (2935).

Visita – Sonhar que está visitando uma pessoa: acordo sentimental (4409). Visita que o procura: amigos corretos (4987). Receber visitas de estranhos: surpresa (4678).

Viuvez – Sonhar que está viúva: gravidez (8856). Sonhar que fica viúva: realização final (8495). Ver uma viúva: separação amorosa (8532).

Voar – Sonhar que está voando: sorte em jogo (7753). Ver outra pessoa voando: bom aviso (7678). Sonhar com aves voando: irá receber carta de pessoa estimada (7345).

Vômito – Sonhar que vomita: perda de bens (4471). Ver outra pessoa vomitando: dano (4560). Vomito sangrento: doença grave (4837).

Voz – Sonhar que ouve a sua voz: inconsequência de ato mal feito (6452). Sonhar ouvir voz de mulher: paixão amorosa (6701). Sonhar ouvir voz de homem: inimizade (6954).

Vulcão – Sonhar com vulcão adormecido: calma nos desejos amorosos (2410). Vulcão em erupção: amores intensos (2975).

X

Xadrez – Sonhar que está jogando xadrez: brigas (7541). Jogar e ganhar: prejuízos grandes (7615).

Xarope – Sonhar que está bebendo xarope: falta de amigos (6514). Dar xarope a outra pessoa: fracasso em negócio (6812).

Xaréu – Sonhar que está pegando xaréu com anzol: fartura (8850). Pescar xaréus em rede: atividade rendosa (8451).

Z

Zebra – Sonhar com zebra pastando: vida calma (8504). Sonhar com zebras correndo: novas relações amorosas (8632).

Zepelim – Sonhar com um zepelim voando: desejo de prestígio (9310). Com zepelim aterrissando: ambição pequena (9295). Com zepelim caindo: inimizade (9010).

Zero – Sonhar com um zero escrito: prisão (3302). Sonhar que está escrevendo zeros: jogo lucrativo (3514).

Zigue-zague – Sonhar que está andando em zigue-zague: indecisão nas atitudes (0318).

Zinco – Sonhar com folhas de zinco: perda de dinheiro (6065).

Zodíaco – Sonhar com signo de zodíaco: êxito e sucesso na vida (5555).